法學啟蒙叢書

民法系列——

代理關係

■ 劉昭辰 著

三民書局

國家圖書館出版品預行編目資料

代理關係 / 劉昭辰著.－－初版一刷.－－臺北市：三
民，2016
　　面；　公分－－(法學啟蒙叢書)

ISBN 978－957－14－6099－4　(平裝)
　　1.代理

584.136　　　　　　　　　　　　　　　104025443

©　代理關係

著 作 人	劉昭辰
責任編輯	沈家君
美術設計	黃宥慈
發 行 人	劉振強
著作財產權人	三民書局股份有限公司
發 行 所	三民書局股份有限公司
	地址　臺北市復興北路386號
	電話　(02)25006600
	郵撥帳號　0009998-5
門 市 部	(復北店) 臺北市復興北路386號
	(重南店) 臺北市重慶南路一段61號
出版日期	初版一刷　2016年1月
編　　號	S 586220

行政院新聞局登記證局版臺業字第○二○○號

有著作權‧不准侵害

ISBN　978-957-14-6099-4　(平裝)

http://www.sanmin.com.tw　三民網路書店
※本書如有缺頁、破損或裝訂錯誤，請寄回本公司更換。

序

　　距離上次三民書局委以撰寫民法系列叢書，匆匆已過七年，在感嘆時間流逝之餘，自覺知識也增長不少，聊堪以慰。七年後，三民書局又委以作者為民法系列叢書，撰寫《代理關係》專題一書，雖然該書不在作者的寫作計畫中，但卻仍欣然接受，一則可以當作日後教科書寫作的試金石，二則也希望可以滿足讀者的期待。

　　本書的完成，首先要感謝中興大學法律系在研究與教學上的支持，也要感謝中興大學碩專班學生在課堂上的熱烈參與及提供寶貴的實務經驗，使作者獲益良多，更要感謝中興大學法律系畢業生，現就讀中正大學研究所林德修先生的辛勤校稿及學術意見的提供，他的正直及責任心，就如同他的法律意見般，將會成為他人生最寶貴的資產，在此祝福他。作者也必須特別感謝編輯對於本書章節編排，提出非常具有建設性的意見，進而使本書更具體系性，也顯示其應有的法學素養。兒子如意近來熱衷棒球運動，太太玟杏和我都祝福他，也盼望他可以如願成為職棒球員，實現自我。

　　本書絕大部分內容是作者在臺北時，使用世新大學圖書館資源，終得完成，在此也對世新大學圖書館的安靜舒適環境及館員的親切服務，致上最大謝意。一如以往，作者永遠歡迎讀者的鼓勵及批評，請郵電：Erwin@nchu.edu.tw。

劉昭辰

西元 2015 年 11 月於世新大學圖書館三樓

第四章　代理的要件⑶──代理權 *69*

第五章　無權代理 *113*

導讀 ● 如何體系化思考代理問題

　　對於大一初學者而言，代理關係是民法總則相當難以理解的部分，因為當中牽涉三人關係，故而顯得複雜。舉例加以說明：

◆◆◆

　　A 經過激烈的選舉，當選某高中新任的畢聯會主席，並經畢聯會公告而就任。A 計畫籌辦畢業晚會，但因為畢聯會會務繁忙，因此 A 就委由同學 B，幫自己為畢聯會採購物品。B 遂到學校的福利社 C 採購，而以為架上所販賣的「金牌麥汁」是健康飲品「小麥草汁」，即以現金購買了十箱「金牌麥汁」。B 搬回麥汁後，A 卻驚訝表示，此種「金牌麥汁」其實是含極少量酒精的「黑麥汁」，雖然法律並未禁止未成年人飲用，但 A 總覺得不宜，遂親自到 C 福利社要求退貨，但 C 卻不表同意，因為 B 在購買時，C 就已經向 B 說明「金牌麥汁」含有極少量酒精，是 B 自己不信。事後又發現，原來畢聯會主席選舉程序有重大瑕疵，而必須重選。問：畢聯會是否必須支付十箱「金牌麥汁」的價金？

第一章　概　說

　　如果本題 B 是要為自己購買金牌麥汁，學習者應該就不難解答，但本題卻是 B 要幫畢聯會主席 A 為畢聯會購買金牌麥汁，有多數人參與其間，

法律關係就顯複雜，而且最終 C 是欲向畢聯會主張價金給付，但是畢聯會卻未親自為買賣契約，此時學習者就必須立刻警覺代理的問題來了。換言之，代理問題永遠出現在如下的情況：當事人並未親自為法律行為（意思表示），但卻必須接受法律行為的效力拘束。因此在此建議學習者，在檢視代理問題時，首先必須先出現一個問題意識：當事人並未親自為法律行為，但卻必須接受他人所為法律行為拘束的法律制度及法律條文根據何在❶？

在此問題意識下，有兩種考量的可能性：一是法律行為的當事人是法人組織，故其董事機關代表所為的意思表示直接歸屬於法人（參照民法第二十七條第三項），另一則是法律行為的當事人並非是法人組織，第三人是以代理人地位為意思表示，而該意思表示直接對本人發生效力（參照民法第一〇三條第一項）。因此如何將代理和其他制度加以區別，並且正確引用條文，就是學習者所必須面對代理的第一個話題。以本例題而言，因為畢聯會組織的成員嚴格僅限於本屆畢業生，故而具有封閉性，成員也就無可變動性可言，故畢聯會明顯不同於成員具有可變動性的社團法人資合組織，換言之，畢聯會不宜被當成是類似社團法人組織性質的無權利能力社團❷，而是一個不具法人性質的人合組織，是全體畢業生為共同完成畢業相關事項所組成的合夥組織（參照民法第六六七條），所以最終應適用代理規定，

---

❶ 例如在例題 4【女性化妝品的代言人】中，解題者就可以在解題之始明言：「而該買賣契約又必須以 A、C 兩人有買賣的意思表示合意，就 C 而言，自無疑義，但問題是，是否 A 曾為有效的買賣意思表示？本題 A 並未親自為買賣的意思表示，而是由第三人 B 為意思表示，而第三人的意思表示唯有在符合民法第一〇三條第一項的代理要件下，始能對本人發生效力」，緊接著展開代理要件的檢查。

❷ 但無權利能力社團究竟應該類推適用民法第二十七條第三項的法人代表規定，抑或直接適用民法第六六七條及第一〇三條的合夥代理規定，其實學說也相當有爭議，參閱施啟揚，《民法總則》，第 122 頁。

而以畢聯會主席 A 為全體畢業生的代理人，A 並又授與代理權給 B（複代理），代畢聯會訂立十箱「金牌麥汁」買賣契約。

第二章　代理的要件(1)——意思表示

　　一旦學習者確認案例事實是屬於代理層次，緊接著就必須援引民法第一〇三條第一項的代理規定及要件加以檢查：「代理人於代理權限內，以本人名義所為之意思表示，直接對本人發生效力」。在檢查民法第一〇三條第一項的代理時，一般初學者通常會不加思索，就直接按條文原文做如下次序的檢查：代理權限、以本人名義及意思表示。但其實如此的次序檢查，毫無法律邏輯可言，因為解題者首先檢查「代理權限」，就頗讓人為之不解，究竟代理人要「代理」什麼？什麼事情使得代理人需要代理權限？況且，如果代理人為事實行為，則第一個要件檢查「代理權」，就顯得過早且多餘，因為事實行為根本就不能被代理，自始不會發生代理問題。同樣，吾人也不能首先檢查「以本人名義」，因為「什麼事情」必須以「本人名義」為之？依法律邏輯觀之，唯有當代理人要代理意思表示時，才必須以本人名義為之，因此代理要件的檢查，正確應依以下次序為之：代理人為①意思表示，②以本人名義為該意思表示，③代理人必須有代理權限為該意思表示，在此三要件之下，代理人所為的意思表示始能對本人發生效力。因此本書的編排，就是以該三要件為基準，依序敘述。

　　就要件①的檢查，首先學習者必須注意唯有意思表示才能被代理，事實行為不能被代理❸。當然緊接著的問題就是，代理人為意思表示或是代收意思表示，和使者代傳或代收意思表示，要件及效力上有何不同，而也正是因為代理人和使者的法律地位不同，所以解題者欲解答上述畢聯會例

---

❸　當然學習者必須繼續學習，代理人所為的事實行為會根據如何的條文，並對本人會發生如何的效果？所應學習的條文是民法第二二四條及第一八八條。

題時，當然也就必須先釐清 B 究竟是代理人或是使者❹，如果確認 B 是代理人，則解題者必須緊接著釐清的是，代理人代理本人為意思表示，是否必須具備行為能力，例如上述例題中的高中生 B 能否為代理人，就是解題者應討論的重點，當然解題者也必須進一步討論，限制行為能力人 A 身為畢聯會代理人，能否再有效授與複代理權給 B？在充分討論民法第七十七條但書「純獲法律上利益」之後，解題者應該可以確認，限制行為能力人既可以接受代理權的授與，也可以以代理人立場，再授與代理權給第三人。

最後，在上述例題中，B 在向 C 為買賣契約的意思表示時，已經明知「金牌麥汁」是含酒精飲料，是否本人仍可以根據民法第八十八條第二項主張物之性質重大錯誤，而撤銷買賣契約的意思表示，也是代理所關注的問題（參照民法第一〇五條），而因為代理行為的意思瑕疵與否，原則上是以代理人的主觀認知為準，因此既然代理人 B 在為買賣契約時，已經明知「金牌麥汁」含有酒精，則當然本人也就無得對該買賣契約主張意思表示錯誤撤銷。凡此等等涉及意思表示理論的相關問題，都是學習者所必須注意的，也期待學習者應該和民法總則的意思表示理論，一併學習❺。

第三章　代理的要件⑵──本人名義

代理的要件②要求代理人應以本人名義為意思表示，即是所謂的「公示原則」，要求代理人在為代理行為時，應明確以本人名義為之，以俾使得相對人清楚理解自己的契約當事人是誰，以確保交易的明確性。而一般日常交易最常出現的情況，就是表意人在為意思表示時，並未清楚以本人（被代理人）名義為意思表示，即並未清楚表達自己的代理人立場，例如上述例題的 B 就未清楚向 C 表達，自己只是代理人而已。在欠缺代理的公示性

---

❹　參閱例題 5【網路購買手機皮套】。

❺　參閱例題 7【棒球場草皮】。

下，原本代理人 B 就必須自負法律行為責任，只是一般日常現金交易行為，學說卻認為應另有考量，因為即使是代理行為的相對人對於一般日常的現金交易行為，往往也並不在意自己的契約當事人究竟是誰，因此公示原則就有鬆動的可能❻。而學習者自然也必須繼續鑽研，是否還有其他代理公示原則鬆動的可能情形，例如冒名行為或是公開為他人行為等等，法律理論如何說明此種行為的代理公示性可以被鬆動，都等待著學習者一一探索本書內容。

第四章　代理的要件⑶——代理權

代理人唯有取得代理權限，其以本人名義所為的意思表示，始會對本人發生效力，因此代理人代理權限的取得，就構成整個代理理論最為複雜及繁瑣的部分，學習者自然有必要以體系化的觀點，對代理權限加以理解。

代理權限可以區分成法定代理及意定代理。對於前者法定代理的理解，學習者除必須有民法總則的接觸外，尚且還必須對一些特別法規範，要有所涉略，例如尚必須對親屬法、繼承法或是破產法等等規範，有所接觸，始能清楚回答問題。對於後者意定代理，相對而言，問題更加複雜，理論也更加繁瑣、困難：

一、代理權授與無因性理論

對意定代理的學習，首先學習者必須先就代理權授與行為的方式及如何成立、生效，加以理解，甚而學習者也必須學習代理權授與發生瑕疵時，例如代理權的授與發生意思表示錯誤，或是受詐欺、脅迫時，應如何處理❼。接著學習者就必須面對所謂「代理權授與無因性理論」❽的困擾，

---

❻　參閱例題 1【手機特惠專案】。
❼　參閱例題 4【女性化妝品的代言人】。
❽　請讀者務必練習本書例題 3【超出餐廳身高優惠價的小孩】。

這是整個代理理論的核心問題，也是考驗一個法律人有無抽象思考能力的關鍵。換言之，「代理權授與無因性理論」在考驗著法律人，有無能力將意定代理權是否有效成立的判斷，從本人和代理人之間的內部基礎法律關係，例如僱傭或是委任關係，加以「抽離」（即是所謂抽象），而分別獨立觀察及討論。而本題可能必須討論「代理權授與無因性」的問題點，計有：未成年人 A、B 和畢聯會之間的委任關係是否有效成立，以及是否會因而影響代理權授與的效力（獨立於基礎法律關係成立上的無因性❾）？B 在履行委任契約時，誤購含極微量酒精的飲料，是否符合受任人（全體畢業生）的身體、健康利益，有無違反委任契約的注意義務，並進而影響代理權授與效力（獨立於代理人違反基礎法律關係義務的無因性❿）？最後可以討論的是，福利社 C 有無過失而不知購買酒精飲料的當事人其實是畢業生，福利社 C 有無過失而不知酒精飲料並不適合未成年人，並進而影響福利社 C 可否主張 A 及 B 基於代理權授與的無因性，故具有代理權限，換言之，C 主張 A 及 B 可以代理畢業生購買不適合未成年人飲用的黑麥汁酒精飲料，是否合理（代理權濫用⓫）？凡此種種會影響代理權效力的可能性，都值得解題者一再思考。

二、代理權類型

代理權權限範圍，會因代理權類型的不同，而有所不同。重要的代理權類型，例如共同代理及複代理，都是學習者所應仔細研讀的類型。對於學習者而言，複代理不是一個容易被理解的代理類型，在現實生活中，其實亦不少見，故作者特別以複代理作為本書導讀案例，希望學習者可以體會複代理在實務上的重要性。在導讀案例中，畢聯會主席 A 委由同學 B 幫

---

❾　參閱第四章、壹、三、㈣、1。

❿　參閱第四章、壹、三、㈣、2。

⓫　參閱第四章、壹、三、㈣、3。

「自己」為畢聯會採購物品，即 B 是 A 的代理人（所謂代理人的代理人），代理 A 為畢聯會採購物品，B 不是畢聯會的直接代理人，所以不是一般複代理，而是構成多層級複代理，因此所會引發的問題是：當畢聯會主席選舉無效，因而導致 A 無法有效代理畢聯會，但卻又授與代理權給多層級複代理人 B，代理自己為採購行為。換言之，B 只是代理 A 為採購行為，是 A 的代理人，B 是否也須對買賣契約效力不及於畢聯會的結果，負起無權代理責任？就產生極大的爭議，值得學習者一再研讀。

三、利益衝突禁止

代理人代理本人為意思表示的過程中，代理人自必須注意到本人利益，因此民法第一〇六條禁止代理人代理本人和自己為法律行為（**自己代理**），或是一方面代理本人，另一方面卻又代理第三人和本人為法律行為（**雙方代理**），因為此兩種代理情形，都有為本人帶來利益衝突的疑慮，故為民法第一〇六條所明文禁止。而學習的重點是，學習者必須在具體的案例上，判斷出在一些自己代理或是雙方代理之情形，其實並不會對本人帶來不利益，甚而會為本人帶來純獲法律上的利益，此時基於立法目的的限縮解釋，自應許可此等的代理行為才是❷。

第五章　無權代理

代理人必須對無代理權限或是逾越代理權限所為的代理行為，負起自己的無權代理責任。而在討論代理人的相關無權代理責任時，必須注意的是民法第一七〇條及民法第一一〇條。

根據民法第一七〇條規定，本人可以事後承認無權代理行為，而溯及發生效力（參照民法第一一五條）。在此一規定下，本書不同於我國的一般教科書，而採德國立法例體系，將本人所承認的無權代理行為，區分成契

---

❷　參閱例題 2【女兒的真命天子】。

約行為及單獨行為，而分別賦予不同的承認要件及效果，或許可以提供學習者不同的視野。

　　根據民法第一一○條，無權代理人終究必須對善意的相對人負起無過失的損害賠償責任。無權代理人的損害賠償責任，絕對也是代理的重要問題，學習者不可輕忽，而必須注意的是，我國不少學者認為如果①無權代理人明知無權代理，則必須對善意相對人負起履行利益損害賠償責任，但如果②無權代理人不知無權代理，則僅須對善意相對人負起信賴利益損害賠償責任。雖然如此的分法在民法第一一○條的原文解讀上並無根據，但卻是今日我國不少學者所持的意見，因此學習者必須特別注意，而本書也就此一部分問題，詳加論述，必定可以為學習者帶來豐富的閱讀資料。

第六章　表見代理

　　根據作者經驗，表見代理是初學代理理論最難以理解的部分。建議學習者應該掌握以下三部分：一是必須理解表見代理是在保護外界第三人對法律表象的信賴，並強烈建議學習者不應錯過本章註釋 2 的閱讀。二是學習者必須就民法第一○七條「狹義的無權代理」及民法第一六九條「表見代理」類型，分別加以學習，並且再將民法第一六九條的表見代理，區分成「假象代理」及「容忍代理」兩類型，就其不同的成立要件，加以檢查。最後學習者尚必須再學習表見代理的得撤銷性爭議，及表見代理和無權代理責任選擇關係的爭議。

　　必須向學習者特別提醒的是，本書對表見代理中「假象代理」的架構，採取德國聯邦最高法院的意見，而以「假象代理」的代理人因過失引起善意相對人信賴代理權存在為已足，此外本書也介紹了德國少數學說卻堅持必須表見代理人有意識地、故意做了一個表見授權行為，始能成立假象代理的意見❸。對此爭議，似乎我國學界並未多做討論，誠為可惜。但不論如何，在上述的畢聯會案例上，雖然畢聯會的主席選舉無效，但因為畢聯

會曾對外公告 A 的當選，故而有意識地、故意做了一個表見授權行為，故即使採取德國少數學說意見，也應可以認為畢聯會仍必須對十箱「金牌麥汁」負起「假象代理」責任。但本題是一般日常現金交易行為，福利社 C 根本就自始不知畢聯會是契約當事人，當然也就不知畢聯會公告 A 為當選主席一事。換言之，福利社 C 透過 A 及 B 和畢聯會訂立買賣契約，根本和「假象代理」之間並無因果關係，因此 C 也就無得對畢聯會主張表見代理責任，而只能改向 A 或 B 主張無權代理責任，而又因 A、B 兩人只是限制行為能力人，在欠缺法定代理人同意為（無權）代理行為下，終究也無須負起無權代理的損害賠償責任。

第七章　實例研習

　　總之，代理是一個體系龐雜、理論不易被理解的三人法律關係，值得學習者在一般教科書外，再多花時間閱讀一本資料豐富，並對個別代理問題作深入討論的專書。但終究考量學習者的學習時間畢竟有限，為使學習者能精簡掌握複雜的代理關係重點，因此作者以導論及例題提示方式，提醒學習者所應掌握代理關係的關鍵學習部分，希望使學習者在埋首於代理關係龐雜的理論及資料閱讀的千頭萬緒中，能迅速且有體系地整理出代理重點。而也必須再次向學習者提醒，千萬不要錯過本書第七章的實例研習，因為唯有透過具體案例的討論，才能確保學習者是否真正理解了抽象的法律理論。

---

❸　參閱例題 6【百貨公司的櫃姐】。

第一章

概　說

　　本章節介紹代理的基本理論，由歷史觀點討論代理理論，再以私法自治原則檢視代理制度，並將代理和其他制度做對比區別，對於初學者而言，或許會顯得過於抽象及困難，建議讀者不妨可以在全盤掌握代理理論後，再回頭複習本章節，應當就可以輕易掌握本章節內容。

壹、代理制度的理論爭議

　　民法一向強調「私法自治原則」，在此原則之下，民法聽任個人可以基於自我意思決定，自由地透過自身所為的意思表示（法律行為），進行社會經濟交易，形成法律關係，並由本人享有權利、負擔義務。但是基於種種因素，本人有時無法親自為法律行為，而必須委由第三人代而為之，例如基於經濟社會活動越加複雜，因此老闆本人無法親自出國訂約，而必須委由外國律師代為訂約，或是無行為能力人（嬰兒）因欠缺行為能力而無法接受祖父母的贈與（參照民法第七十五條第一項），故必須由其父母代為接受，在此等情形下，法律遂有必要承認，即使不是本人親自所為的法律行為，但是該等法律行為卻仍可以直接對本人發生效力（參照民法第一○三條第一項及第二項），這種制度稱之為「代理」。在代理制度下，行為人（即代理人）所為的意思表示，對本人（即被代理人）直接發生效力，換言之，在代理制度下，行為人可以「代為處理」本人事務，其所為的法律行為不是為自己，而是為他人，並直接對他人發生效力。

　　由法制史觀之，代理制度的形成並非當然。早在羅馬法時代❶，根據羅馬法制度，家中小孩 (filius familias) 或是奴隸 (servus) 可以為家中父親 (pater familias) 或主人 (dominus) 取得權利，而透過附加的訴訟 (adjektizische Klage)，pater familias 或 dominus 也必須對 filius familias 或是

---

❶　對代理制度的歷史發展，請參閱 Kaser, Römisches Privatrecht, 15, Aufl., S. 65, 66。

servus 所為的行為，對外負起責任，而存在有類似今日的代理制度。但在此之外，羅馬法認為並無必要再承認其他第三人可以為本人取得權利或是使之負擔義務的制度，因此原則上並不承認一般代理制度的存在。但隨著經濟社會日益發達，大陸法國家在 17 世紀相繼立法承認代理制度，而德國法學則是直至 19 世紀，對於代理制度的存在與否，仍陷於理論的爭議。主要的觀點計有：

一、意思理論

此派學說❷認為，在「私法自治」及意思表示理論下，吾人只能、也只須對自己的意思表示負責，而代理制度卻是對他人所為的意思表示負責，在強調「私法自治」及意思自我決定原則下，代理制度違反意思表示理論，故不足取，因此此派學者遂反對代理制度在民法上的存在。而此說也特別強調代理制度的不合理性，會出現在當代理人對代理行為內容的理解和本人（被代理人）不一致時，例如代理人和本人（被代理人）對於代理人所訂立契約的內容，有不同的解讀：代理人一方認為代理所訂立的契約內容是購買汽車，但被代理人卻認為是購買機車，應如何處理？雖然訂立契約的行為人是代理人，因此契約內容的理解似乎自應以其為準才是，但如果仍要本人（被代理人）接受契約內容是買受汽車，明顯不符合私法自治原則，違反意思自我決定原則，勢必造成理論上的困擾。

二、本人理論

為解決意思理論論者的疑慮，德國法學家 v. Savigny❸（薩維尼）認

---

❷　例如 Puchta, Pandekten, §§52, 273。

❸　"Geschäftsherrtheorie"（本人理論）是由 v. Savigny 所建立：參閱 System des heutigen Römischen Rechts, III §113。

為，在代理制度下，意思表示的行為人就只有本人，代理人是承襲本人意思，是本人的意思承受者，本人才是代理行為的真正意思表達者，如此則上述的代理行為的契約內容，就應被認定是機車而不是汽車，企圖順利解決理論上的困擾。

三、代為處理事務理論

但明顯地，v. Savigny 的「本人理論」並不符合事實，因為真正為意思表示的行為人是代理人，而非本人（被代理人），本人並無自為意思表示，而且 v. Savigny 的「本人理論」也無法和「使者」制度相區別。因此今日德國學說對於代理制度的本質，是採所謂「代為處理事務」理論，在該理論下，又有一派學者認為，雖然為代理意思表示之人確實是代理人，但是代理人是「代替被代理人處理事務」，因而代理人所為的代理行為，就被「擬制」是本人所為，並對本人發生效力，以求能符合「意思表示理論」所堅持的「意思自主原則」。只是多數學說❹認為，代理行為是代理人所為，和代理的效果歸屬於代理人，誠屬兩回事，而無須混為一談，因此自也就無需要「擬制」代理人所為的代理行為即是本人所為，而僅須承認代理人代本人處理事務的行為，效果歸屬於本人即可。

按民法第一〇三條的本文，對於代理制度的本質明顯採「**代為處理事務**」理論，而將代理意思表示的「行為人」認定，及代理意思表示的「法律效果」歸屬認定，加以分離。在今日學說對代理制度的本質，理解為一種「代本人處理事務」制度之下，因此代理人所為的法律行為，理應為本人利益而計算。但必須強調的是，「為本人利益計算」並非代理制度的必要要素❺，例如不排除在本人的授權下，代理人可以將代理行為所得利益賦

---

❹　參閱 Winscheid, §73 N. 16 b。

❺　參閱 Larenz/Wolf, Allgemeiner Teil des BGB, §46 Rd. 2。

予給第三人，例如在本人的授權下，代理人代理本人向出賣人買受土地一筆，但卻依照本人指示，直接將土地所有權登記給本人的女兒，或是代理人根據法定的代理權限，為第三人利益代為處理本人事務，例如破產管理人為債權人利益而管理破產財團。

貳、代理和意思表示理論（私法自治）

上述對代理本質的理論爭議，至今仍深深影響民法代理理論。而該問題涉及代理制度應如何和民法的「私法自治原則」相融合？對此爭議，可以分別就「意定代理」及「法定代理」加以討論，前者係指因意思表示授與代理權而發生的代理關係，例如店家授與代理權給店員，代為出售貨品；後者係指因法律規定取得代理權而發生的代理關係，例如父母親是未成年子女的法定代理人，代為處理相關事項。

就意定代理而言，尚不會發生違反私法自治原則的問題，因為「私法自治」下的「意思表示自我決定」原則，並非意謂必須「自己親自從事」意思表示，也未禁止法律行為不可由第三人為之，而是僅指法律行為不能在違反自我意思下，對本人發生效力，並進而拘束本人。因此只要代理人所為的法律行為是基於本人「授與代理權」或是經由本人所「承認」（參照民法第一一五條），該代理行為就能對本人發生效力，即無所謂違反「私法自治」可言，因此如何進一步規範「代理權限範圍」或是「承認」的效力，即成為代理制度的規範重點，以符合「私法自治原則」。

「意定代理」並不違反「私法自治」所要求的意思自主原則，以今日法學立場，應無疑義。比較難以說明的是「法定代理」制度，因為法定代理人所為的代理行為對本人發生拘束效力，並不是基於本人「代理權授與」或是「承認」的意思，而是基於法律規定結果。如同德國 Flume（福魯默）教授❻所言，民法的「法定代理」僅適用於當本人事實上或是法律上，無法根據「意思自主」而親自處理自己事務時，因此也就無所謂違反「私法

自治」可言，Wolf（沃爾夫）教授❼進一步闡述，認為本人不是因為法定代理才失去私法效果自我決定的結果，而是因為事實上或是法律上無能力從事私法效果的自我決定，故而產生「法定代理」制度。因此法定代理制度是一種對因法律規定或事實上的原因，而無法完整地參與社會交易之人的救濟，故「法定代理」仍未違反「私法自治原則」❽。

　　只是作者以為，「法定代理」只是並未消極傷害「私法自治原則」而已，例如法定代理人仍必須以本人名義為意思表示，始能對本人發生效力，但因「法定代理行為」終究無須獲得本人的同意，因此仍未積極符合「私法自治原則」，因此作者比較傾向少數說見解❾，而認為「法定代理」因為違反意思自主原則，故不應屬於「私法自治」中意思表示理論所能涵蓋的範圍。而也正是「法定代理」不屬於意思表示理論範疇，因此不同於「意定代理」，「法定代理」就必須受到國家的監督（例如民法第一〇八八條第二項、第一〇九〇條、第一〇九九條之一、第一一〇一條），以避免在欠缺本人的意思下，法定代理人所為的代理行為不利於本人。此外，在一些法定代理制度上，法定代理人往往具有獨立執行職務的地位，而不受本人指示拘束，以獨立代理本人處理事務，例如破產管理人即是一例，在在顯示法定代理人無須注意本人意思，甚而可以違反本人意思，代理本人處理事務，並將事務處理效果直接歸屬於本人，實已不是一般意思表示理論所能加以說明，故也實難謂符合「私法自治原則」。

---

❻　參閱 Flume, Allgemeiner Teil des BGB II, §43 3。

❼　參閱 Larenz/Wolf, Allgemeiner Teil des BGB, §46 Rd. 14。

❽　而我國邱聰智教授則認為代理制度是對私法自治的補充與擴充：《民法總則（下）》，第 178 頁，並參閱李淑如，《民法總則》，第 340 頁。

❾　Müller-Freienfels, Die Vertretung beim Rechtsgeschäft, S. 335, 359.

參、代理制度和其他制度的區別

一、法人機關代表

㈠法人的本質

　　法人機關代表的性質和代理的關係,起自於對法人本質的理論認知❿。鑽研羅馬法的歷史法學派大師 v. Savigny⓫對法人本質採「擬制說」,其以羅馬法的法人觀念為基礎, 認為自然人為自然的權利主體, 法人則為擬制的權利主體, 法人的存在純粹是實證法擬制的結果。之後在日耳曼法大師 Gierke（基爾克）⓬的鼓吹下, 漸漸有學說改採「法人實在說」,該說強調法人是事實存在我們社會的自然有機體, 而無待國家的承認。「法人實在說」固然戰勝「法人擬制說」過於強調國家對於法人存在, 擁有承認與否的絕對權威觀點, 但其缺點在於未能明辨法人的自然有機體其實只存在於法學的觀察而已, 但就社會學的觀察, 明顯地社會上根本就不存在著一個「法人自然有機體」,換言之, 法人自然有機體根本並未事實存在於我們的社會, 法人有機體終究只是法學上的「擬制」而已, 而且即使是在法人實在說理論下, 法人的存在最終仍必須有賴於「自然人」的參與法人組織, 法人並無法獨立於自然人之外而「實際獨立存在」,因此今日學說通說⓭對於法人本質, 是採所謂「組織體說」,認為法人是一種「基於特定目的結合而成的組織體, 而由法律授予權利能力」,根據該說, 法人本身並無事實上或是法律上的行動能力, 法人組織體必須有適當的機關組織架構, 始能使

❿　對此請參閱施啟揚,《民法總則》, 第 117 頁以下。

⓫　參閱 v. Savigny, System des heutigen Römischen Rechts, II, S. 236。

⓬　Gierke, Deutsches Privatrecht I, S. 471 ff.

⓭　BGHZ 25, 1134, 144; Soergel/Hadding, vor §21 Rdn. 6. 中文請參閱李淑如,《民法總則》, 第 340 頁。

得法人組織體具有行動能力，而能夠對外參與社會交易。

(二)董事的地位與區別實益

在法人組織體說下，法人應如何有適當的組織機關，則取決於立法規範及章程規定。按今日民法規定及學說見解，法人的「**董事**」是法人不可欠缺的機關組織，因為法人若要為法律上的行為，唯賴具有行動能力的機關——董事，始能為之。至於董事所為的意思表示，如何對法人發生效力，則學說又有爭議，一說認為董事是法人的代理人，因此董事的行為應依代理的原理（民法第一○三條），使其法律效力直接歸屬於法人，是謂「代理說」。另一說則以為，董事身為法人的內部機關，就是法人的一部分，自然就不是法人的代理人，而是法人的代表，因此法人機關（董事、代表）的行為就應被當成是法人的行為，而無須再透過民法第一○三條的代理規定，直接就對法人發生效力，是謂「機關說」或「代表說」❹，而我國民法第二十七條第二項規定：「董事就法人一切事務，對外代表法人」，明顯採後說見解。

1.法律行為

必須強調的是，不論是「代理說」或是「代表說」對於法人的法律行為責任，其實並無多大差異，因為即使是採「代表說」，但是不排除一般代理理論仍可以類推適用於法人❺，例如董事相對於法人，董事個人仍是一具有獨立權利能力的法律主體，因此董事所為的意思表示若僅意欲對法人發生效力，則董事就必須對外清楚表明自己是以「董事代表」的地位為意思表示（參照代理制度的公示原則），如果董事未能對外清楚表明「代表

---

❹ 也就是因為一個具有獨立權利能力的董事，所為的法律行為直接對法人發生效力，因此董事代表的本質，其實也就如同「代理制度」，也是屬於一種「代為他人處理事務」的理論表現。

❺ 參閱鄭冠宇，《民法總則》，第 367 頁及最高法院九十九年臺上字第一八六四號判決。

人」地位，則董事個人就必須為自己所為的意思表示負起法律責任。當然也不排除董事一方面可以「代表」法人為意思表示，但另一方面也清楚表示自己願意負起意思表示責任，故而在此情況下，董事在法人之外也同時成為法律行為的當事人。此外，不排除民法第一六九條的「表見代理」，亦可以被類推適用於法人代表，例如法人已經由會員大會選出新董事，在尚未完成董事變更登記前，新董事即已代表法人為法律行為，即使事後發現投票無效，但法人仍必須就新董事所為的法律行為負責，再例如民法第一〇六條的限制「自己代理」或是「雙方代理」，在法人代表亦有類推適用的可能。

2.事實行為

有鑑於法人仍有必要為事實行為，而事實行為並無法被代理，所以法人如何從事事實行為，即使是採董事代理說者，亦認為必須有特別的考量，而認為董事所為的事實行為就應直接歸屬於法人，其實該論點已經相當接近董事代表說，因此不論是法人代理說抑或代表說，都認為董事對物的占有，就是法人的占有（所謂「機關占有」），法人和董事間既不是「直接、間接占有關係」，也不是「占有輔助人關係」❶⑥。就民事訴訟法而言，對於法人相關爭議事項，董事不應被當成證人傳喚，而應被當成法人當事人來傳喚，因此如果法人有具結需要時，則應是以具結當時的董事為法人代表，而不是以傳喚具結時的董事為法人代表❶⑦。

在侵權行為上，董事代理說及董事代表說亦無差異，而一致認為法人就必須為董事執行職務的侵權行為，負起自己的民法第一八四條侵權行為責任，且無舉證免責的可能性，而不是適用民法第一一八條第一項，要求法人對董事的侵權行為，負起對董事的選任及監督疏失上的責任❶⑧。但必

---

❶⑥　參閱劉昭辰，民法系列《占有》，第 35 頁，並參閱本書第二章、壹、一。

❶⑦　參閱 Baumbach/Lauterbach/Hartmann, ZPO §807 Anm. 4 D。

須強調的是，因為董事仍是一具有獨立權利能力的主體，因此除法人的侵權責任外，董事尚且必須在法人之外，也要為自己代表法人執行職務時所發生的侵權行為，負起自己的侵權行為責任（民法第一八四條），而和法人一併負責，因此民法第二十八條即明示「法人對於其董事或其他有代表權之人因執行職務所加於他人之損害，與該行為人連帶負賠償之責任」**⓭**，當然就連帶債務的內部分擔上，必須由董事一人負起全部的責任，自不待言。

二、信　託

信託是指「兩種法律行為的組合，其中之一是處分行為，信託人將信託標的物所有權移轉給受託人，或是授與受託人對信託財產有處分權限，另一法律行為則是債權約定，受託人依該債權約定，管理、處分信託標的物」**⓴**。在信託行為之外，另存在有間接代理制度**㉑**，後者係泛指行為人

⓲　但其實在嚴格的董事代理說下，法人和董事代理人既然為兩個分別獨立的主體，則法人就應是根據民法第一八八條第一項，對董事代理人的侵權行為，僅須負起選任與監督上的責任才是。明顯地，董事代理說在此處即顯出理論上的侷限。

⓳　此亦為德國通說，參閱 MünchKomm/Schramm, §31 Rdn. 27。學生經常問我，既然在董事代表說下，董事的行為就是法人的行為，何以除法人之外，董事仍必須負起侵權責任？其實董事代表說應是法人實在說的產物：董事和法人合而為一，法人藉由自然人董事而事實存在，因此在嚴格的代表說下，確實應該只有法人必須負起侵權責任，董事個人並無須負起侵權責任。由此可見，在法人組織體說下，並不適宜採「董事代表說」，但「董事代理說」也不能全盤合理解釋法人責任，作者只能說，對於法人性質理論，仍有待法學者的進一步闡明。

⓴　參閱 MünchKomm/Schramm, vor §164 Rdn. 27。

㉑　參閱第三章、壹、二。

以自己名義，但卻為本人利益，代為處理本人事務，因此兩者制度極為接近，即兩者都是受託人以自己名義管理、處分標的，但差異在於：間接代理通常是針對個別標的物，而且間接代理人是短期取得標的物所有權；但信託行為則是受託人為信託人基於長期管理考量，而由信託人處取得多數權利，甚而是取得信託人整體財產的一種契約型態❷。

㈠信託目的及類型

基於不同的信託目的，故而會有不同的信託類型。

1.管理信託

首先信託目的可以存在於受託人為信託人或是第三人利益，而管理信託財產，稱之為「管理信託」，例如信託人將資金移轉給理財專員，委由理財專員代為投資，或是被繼承人生前即將全部財產移轉給遺產執行人，委託為未成年繼承人利益代為管理遺產（**遺產信託**）❸，或是信託人將債權讓與給受託人（討債公司），而委由受託人代為收取債權，受託人再將所收取的內容，交付給信託人，或是預售屋承購戶要求建設公司必須將建地所有權，登記移轉交由銀行信託，以保障預售屋承購戶權益（所謂「不動產開發信託」❷）。

2.授權信託

另一種管理信託型態，則是信託人並未將信託財產所有權移轉給受託人，但卻授與受託人處分權限（所謂「授權」），使得受託人可以以自己名義處分信託財產（參照民法第一一八條第一項），並對信託人直接發生效力（所謂「授權信託」）。由此等信託案例可知，受託人基於「管理信託」或

---

❷ 參閱 Larenz/Wolf, Allgemeiner Teil des BGB, §46 Rd. 62。

❸ 如此的遺囑不無有侵害繼承人特留分利益之虞，因此繼承人可以選擇拋棄遺囑利益，而僅主張特留分利益。現今臺灣實務不乏有「遺產信託」的實例，但是繼承法卻仍欠缺明示的規範，而有待立法加強。

❷ 相關實務操作，請參閱《自由時報》2015 年 3 月 6 日 A7 財經新聞版。

是「授權信託」，並非是為自己利益而取得信託財產或是處分權限，而是或為信託人利益，或為第三人利益而取得信託財產或是處分權限，因此「管理信託」或是「授權信託」具有「他益性質」。

3.擔保信託

信託人也會基於擔保債權的目的，而將信託財產（物或是債權）移轉給受託人，雙方約定，如果信託人清償債務，則受託人即負有返還信託財產的義務，但如果信託人屆期無法清償債務，則受託人就可以終局保有信託財產，以為清償，是謂「擔保信託」（讓與擔保）❷⁵（並參閱動產擔保交易法第三十二條的「信託占有」）。不同於管理信託及授權信託，「擔保信託」中的受託人占有信託財產，除是為信託人利益之外，更主要的是為自己利益，因此是屬於一種「自益性質」。

基於「管理信託」和「擔保信託」兩者信託行為本質的不同，因此也會有不同的法律效果，例如管理信託並無善意取得的適用（參照民法第八〇一、九四八條及第七五九條之一第二項），但卻不排除受託人在「擔保信託」，可以主張善意取得信託財產的可能性；再者，稅務機關不能對僅具「他益性質」的管理信託行為課徵所得稅，但卻可以基於「自益性質」的擔保信託，而向受託人課徵所得稅。

㈡信託行為效力

因為信託財產的權利已經移轉給受託人，因此受託人即可以自己名義處分信託財產，而無須有代理權限，信託人和受託人間的債權約定限制受

---

❷⁵ 雖有少數說以為，因為受託人在信託人清償債務之後，負有返還信託財產之「義務」，因此「擔保信託」實為一「債權契約」，而非物權制度。但吾人可以想見，質權人於出質人清償債務後，亦負有返還質物之義務，但質權仍是一物權制度，自無疑義，而受託人經由信託擔保（讓與擔保）而取得信託財產所有權，以擔保和信託人間的債權債務關係，本質上即是一種對信託財產的直接支配力取得，故自亦是一物權制度，而不應被當成是債權契約制度。

託人處分權限，僅具有債權效力，而不具物權效力，否則即違反物權法定原則：所有權人可以自由使用受益、處分其所有物，而不得以契約加以限制。因此受託人違反和信託人間的債權契約約定，所為的信託財產處分行為，仍是有效❷❻，至於如果第三人明知信託人和受託人間的信託財產處分限制約定，是否應類推適用「**代理權濫用理論**」❷❼，而認為處分行為無效，第三人不能取得信託財產所有權？學說對此頗有爭議，通說❷❽以為受託人違反和信託人內部約定的處分行為，恆為一有權處分，故並無「代理權濫用理論」的適用餘地，信託人一旦將信託財產移轉給受託人，就必須承擔可能的處分風險，另一說❷❾則以為，既然第三人已知信託人和受託人間的內部約定，就無受保護的必要性，因此應類推適用「代理權濫用理論」。對此爭議，作者採通說見解，以維護民法的「**物權行為獨立性原則**」。但比較特別的是「授權信託」，因為信託人並未移轉財產所有權給受託人，因此信託人不僅可以在內部關係上，有效地拘束受託人的授權處分範圍，該授權的限制也具有對外效力，因此受託人違反授權處分範圍所為的處分，該信託財產的處分，並非當然有效，而有待信託人的進一步承認，始生效力（民法第一一八條第一項）。

　　信託行為最為特殊之處，即在其具有「**債權物權化**」效力，特別是「管理信託」，因為雖然信託人在法律上，已將信託財產移轉給受託人，但是就經濟層面觀之，該信託財產卻仍屬信託人所有，因此受託人的債權人即不

---

❷❻　此為德國通說見解：參閱 Medicus, Allgemeiner Teil des BGB, Rdn. 677; Palandt/Bassenge, §903 Rdn. 39。但有少數說企圖以「債權物權化」觀點，並參照英美法制度，而認為違反債權約定的信託財產處分行為，是無權處分：參閱 Schlosser, NJW 1970, 681, 684 ff.。

❷❼　參閱第四章、壹、三、㈣、3.。

❷❽　BGH NJW 1968, 1471; Huber, JZ 1968, 791.

❷❾　Larenz/Wolf, Allgemeiner Teil des BGB, §46 Rd. 62.

能對信託財產主張強制執行，此時信託人可以主張強制執行法第十五條的第三人異議之訴。而當受託人破產，信託人也可以對信託財產主張「取回權」❸⓪，此外，如果受託人死亡，信託財產有別於其他受託人遺產，即構成受託人的特有財產，而不成為限定繼承的清償標的。

三、授　權❸①

㈠概　說

　　「授權」是指行為人（被授權人）被賦予法律上的權限，使其可以自己名義從事法律行為，並對他人（授權人）直接發生效力❸②。因為行為人（被授權人）是以自己名義為意思表示，而對他人（授權人）直接發生效力，因此和代理制度有所區分。

㈡授權的法律依據

　　「授權」制度的法律根源是來自於民法第一一七條：「法律行為須得第三人之同意始生效力者，其同意或拒絕，得向當事人之一方為之」，而實務上「授權」最重要的實用例子，即是①本人授權第三人可以自己名義，處分本人之物（參照民法第一一八條第一項），故而對授權人（物之所有權人）構成有權處分，②或是債權人授權第三人可以自己名義，代為收取債務人的債之給付，而對債權人發生清償效力（參照民法第三〇九條第一項），及③民法第一〇〇三條第一項的「夫妻日常家務授權」❸③。

---

❸⓪　但是基於「擔保信託」具有自益性質，因此「擔保信託」的信託人不能主張第三人異議之訴，而只能在受託人破產時，享有「別除權」。

❸①　民法上並無授權一詞，而有待法界進一步確認。在廣義的授權概念下，民法第二四二條的「債權人代位權」及民法第八二一條第一項的「共有人請求權」都是授權的一種。

❸②　參閱 Soergel/Leptien, vor §164 Rdn. 88。

❸③　參閱劉昭辰，《月旦法學教室》，第 111 期，第 51 頁以下。

　　其中我國學說❸❹對於民法第一〇〇三條第一項的「夫妻日常家務授權」誤會最深，因為基於民法第一〇〇三條第一項的立法原文，學說經常將之誤會成是「法定代理權」的一種，但卻又認為夫妻行使民法第一〇〇三條第一項的「日常家務代理權」，無須以「本人名義」為之，則又完全違反代理理論，實令作者不解。

　　其實「代理權」理論並不符合今日民法對家事勞動配偶法律地位的理解，因為在民法第一〇〇三條之一「家務有價」、「家務同等價值貢獻」的立法精神之下，家事勞動配偶的地位是完全平等、獨立於另一工作經濟能力的配偶，配偶從事家事勞動並不是另一配偶的受委任人，自亦不受另一配偶的指揮、監督，而是獨立自主的從事家事勞動，因此其所為的與家務有關的法律行為，就無須以受另一配偶代理權授予的受委任人姿態出現，而完全是可以自己名義獨立完成家事勞動的履行，並對另一配偶發生家事勞動效力。正是基於家事勞動配偶獨立、自主從事家務行為的理解，故民法第一〇〇三條第一項再也沒有「代理權」理論適用的餘地。

　　正確言之，民法第一〇〇三條第一項的法律本質應是一「授權」，而必須強調的是，固然「授權」通常僅針對處分行為，「債權行為」原則上並無「授權」的適用，例如行為人不能基於授權，而以自己名義為買賣契約，從而使該買賣契約義務對第三人發生效力。換言之，即使是在授權之下，行為人自己仍必須負起自己的債務人責任，這是因為債權人有明確必要得知其契約當事人身分的利益保護考量，但是民法第一〇〇三條第一項的「夫妻日常家務授權」卻是一例外，例如妻向魚販表示「給我一條魚」，則妻以自己名義訂立契約，故為契約當事人而須負起責任，自無疑義；除此之外，不論魚販是否知道妻已婚與否，都可以主張夫也必須負起連帶債務責任（參

---

❸❹　陳棋炎／黃宗樂／郭振恭，《民法親屬新論》，第149頁；戴炎輝／戴東雄／戴瑀如，《親屬法》，第131頁。

照民法第一〇〇三條之一第二項），在此之下，並無債權人利益特殊保護的必要性考量，故「夫妻日常家務授權」例外地亦可及於「債權行為」。

㈢授權和代理的區別

「授權」和「代理」的區別，在於被授權人是以自己名義為法律行為，但代理人卻是以本人名義為法律行為。因此在「授權」情況，被授權人自己是法律行為的當事人；而在「代理」的情況，代理人並不是法律行為的當事人，唯有本人才是法律行為的當事人。由此可知「授權」和「代理」是兩個本質上完全不同的制度，因此原則上也無相互適用的可能性，例如「授權」制度即無如同代理般有「公示原則」的必要，但卻如同「表見代理」般，授權人仍須對外界第三人負起必要的信賴責任，例如民法第三〇九條第二項即明示：「持有債權人簽名之收據者，視為有受領權人。但債務人已知或因過失而不知其無權受領者，不在此限」。

第二章
代理的要件(1)
——意思表示

根據民法第一〇三條第一項規定：「代理人於代理權限內，以本人名義所為之意思表示，直接對本人發生效力」，因此第三人所為的行為，若要對本人發生效力，就必須具備以下三個要件：第三人（代理人）①為意思表示，②以本人名義為該意思表示，③須擁有代理權限。同樣，代理人代為接受他人的意思表示，亦必須具備該三要件。同條第二項即規定：「前項規定，於應向本人為意思表示，而向其代理人為之者，準用之」，而且不論是「意定代理」抑或「法定代理」，也都必須符合該三要件，始能對本人發生效力。本章先就第一個要件「意思表示」進行說明。

壹、可能的代理行為

按民法第一〇三條所明示，代理人僅能代理本人為意思表示（法律行為），且原則上也僅限於財產行為方能代理，至於事實行為、身分行為、不法行為及準法律行為等問題，以下即逐一分析說明：

一、事實行為

代理人僅能代理本人為意思表示，而不能代理為事實行為，因為事實行為既然是一外界的自然現象，例如死亡（涉及繼承）、殺人或是車禍（涉及侵權行為），當然就無所謂「代理死亡」抑或「代理殺人或是代理車禍」的事實歸屬考慮可言。因此侵權行為無得代理，故受僱人在執行職務中，不慎開車撞傷路人，路人無得主張該侵權行為亦對僱傭人發生效力，因此受害人不能根據民法第一〇三條，要求僱傭人負起賠償責任，而只能根據民法第一八八條第一項：「受僱人因執行職務，不法侵害他人之權利者，由僱用人與行為人連帶負損害賠償責任。但選任受僱人及監督其職務之執行，已盡相當之注意或縱加以相當之注意而仍不免發生損害者，僱用人不負賠償責任」，請求僱傭人必須對疏於監督受僱人，負起自己的侵權行為損害賠償責任。

占有也是一個事實行為，因此無法被代理，因此代理人也就無法根據民法第一○三條，主張自己代理本人由物之讓與人處，取得物之現實交付（參照民法第七六一條第一項），因此等同本人也取得現實交付。如果本人欲使用代理人代為取得動產所有權，則只能透過其他占有制度始能為之，例如民法第九四一條的「直接、間接占有」，或是第九四二條的「占有輔助人」制度。舉例言之：僱傭人 A 因故無法親自到出賣人 B 處，受領所購買的營業用貨車，因此委由受僱人 C 代理為之。而汽車動產的所有權移轉，必須在 A、B 間有「讓與合意契約」及「交付行為」，「讓與合意契約」部分，受僱人 C 可以根據民法第一○三條，主張自己可以代理僱傭人 A 為之，並對 A 直接發生效力，但是「交付行為」部分，因為占有是一事實行為，因此 C 無得主張「自己對汽車的占有取得」，根據民法第一○三條也直接對 A 發生占有取得效力，C 只能主張基於僱傭契約，因此自己是 A 的民法第九四二條「**占有輔助人**」，故當 C 取得對汽車的事實管領力時，占有本人 A 即取得汽車的占有地位，因此也就根據民法第七六一條第一項取得汽車所有權。

另外必須和代理相互區別的是，民法第二二四條「履行輔助人」行為責任歸屬的規定：「債務人之代理人或使用人，關於債之履行有故意或過失時，債務人應與自己之故意或過失負同一責任」。不同於代理制度是規範對他人所為意思表示的歸屬，民法第二二四條的「履行輔助人」責任，則是債務人必須對「履行輔助人」違反債之義務的行為，負起債務不履行的責任歸屬規定❶。

二、身分行為

財產行為是在形成當事人間的財產關係，例如買賣，而身分行為則是

---

❶ Medicus, Allgemeiner Teil des BGB, Rdn. 890.

在形成當事人間的法律上身分關係，例如結婚，而也正因為身分行為意在創造當事人間的法律上身分關係，影響當事人的個人人格性甚重，故而具有屬人性，因此固然代理人可以代理本人為財產行為的意思表示，但是高度身分行為的意思表示，仍必由本人親自為之，而不能代理，例如結婚的意思表示（親屬法）或是立遺囑的意思表示（繼承法），都不能代理。當然不排除在特殊的情況下，親屬法規範應有不同的思考，而適度開放身分行為的代理，例如基於民法第一○六三條第二項「否認婚生子女」的高度身分行為性質，因此似乎就自不應同意可以由他人代理行使「否認婚生子女之訴」，但吾人可以試想：法律上之父 A 因車禍而成為植物人，妻子 B 之後紅杏出牆生子，則按現行親屬法規範，似乎任何人都無法代理法律上之父 A 提起「否認之訴」，對此不合理的結果，亟待親屬法及繼承法的立法者，加以補充立法。立法應考量的是，如何尊重法律上之父可能的意思？有無足夠的情況，可以推知法律上之父有意提起「否認之訴」？法定代理人代理提起「否認之訴」應受到國家如何的監督？如此的代理窘境，尚待立法者全面對身分法及繼承法規範加以清查並填補❷。

三、不法行為

只要是非高度身分行為的意思表示，就有被代理的可能，至於意思表示是否是合法行為，有無違反法律強制規定，或是違反公序良俗，則在所不問，都可以被代理，吾人可以輕易試想，法定代理人當然可以代理本人代為購買不法賭博彩券，只是所為的代理行為無效而已。

必須注意的是，在意定代理情形下，授與代理權為不法行為，往往該

---

❷　只是現行實務上似乎並不理會立法上的疏漏，而直接同意可以由法定代理人代為提起否認之訴，是否對否認婚生子女之訴的身分性質，有足夠的注意，不無疑問。

授權行為就會因民法第七十一條及第七十二條而無效，例如本人授與代理權給代理人，代為購買不法賭博彩券，只是該代理權授與意思表示會因違反法律強制規定及公序良俗而無效，而形成無權代理。總之，作者以為，「不法行為可否成立代理」和「不法的代理行為效果」，是兩個不同層次的問題，必須清楚加以區別，最高法院五十五年臺上字第一○五四號判例強調：「表見代理云者，即代理人雖無代理權而因有可信其有代理權之正當理由，遂由法律課以授權人責任之謂，而代理僅限於意思表示範圍以內，不得為意思表示以外之行為，故不法行為及事實行為不僅不得成立代理，且亦不得成立表見代理」，最高法院所欲表述的最終結論：「不法行為不能成立代理」、「不法行為不能成立表見代理」，一般可能會將之輕易錯誤解讀成「不法的意思表示，不能代理」（例如最高法院九十五年臺上字第一○二七號判決❸及最高法院九十五年臺上字第一六九四號判決❹，似乎就相繼誤解），但如果再細讀該判決主旨內容，最高法院所欲強調的是：代理「不得為意思表示以外之行為」及「不法行為及事實行為不僅不得成立代理，且亦不得成立表見代理」，故該判決真正想表述的是「屬於不法事實行為性質

❸ 最高法院九十五年臺上字第一○二七號判決，認為無權代理人以本人名義所為之代理行為，本身如有不法，即無從成立表見代理，因而本案最高法院認為無權代理人盜蓋印章所為的保證行為本身，並無不法，所以仍有成立表見代理的可能。最高法院直接以（保證）法律行為本身是否不法，斷定有無表見代理適用的可能性，應有誤解代理制度之虞。

❹ 最高法院九十五年臺上字第一六九四號判決，認為訴外人在本票上盜蓋上訴人印章及偽簽簽名，涉犯偽造有價證券罪之行為，依取得代理權權限外觀之行為不法而言，是訴外人所為之不法行為，上訴人無須就借款及本票開立行為負表見代理責任。但是以不法手段取得代理權權限外觀之行為，例如盜蓋他人所寄放的印章，所可能形成的表見代理，是典型的表見代理所要討論的案例（參閱第六章、參、一），實不見僅以「盜蓋印章的不法行為」為由，而自始排除表見代理成立的理由何在？

的侵權行為」不能成立代理，故亦不能成立表見代理，而非「不法的意思表示，不能代理」❺。

四、準法律行為

如上所述，原則上代理人可以代理本人為意思表示，因此不具高度身分行為性質的「公司事務投票表決」，亦可以被代理，甚且票據行為也可以被代理。此外，**準法律行為**雖非法律行為（意思表示），但因其仍具有當事人意思表達的成分，因此亦可以被代理，例如對債務人的遲延催告（民法第二二九條第二項），亦可以由律師代理為之。在此必須對意思表示及準法律行為的概念區別加以說明，以利初學者學習。在私法自治原則下，行為人將內心所意欲發生的法律效果，表達於外，而法律遂依其所願賦予法律效果，以符合私法自治原則，行為人如此的意思表達，學說稱之為「意思表示」（法律行為）。而「準法律行為」則是指行為人雖亦將其內在的意思表達於外，但其內在意思卻欠缺要發生一定法律效果的意思，惟法律卻仍強制賦予一定法律效果，該結果並不符合私法自治原則，因此不能稱之為「意思表示」（法律行為），故而學說將之稱為「準法律行為」。

換言之，準法律行為的特徵在於「不論表示人內心是否意欲發生一定的法律效果，法律均使其直接發生某種效果」，典型例如上述的遲延催告，蓋遲延催告內容僅須具備對債務人不給付行為的警告即可，至於催告人是否知道「何謂給付遲延」？有無意欲發生給付遲延的法律效果？則非屬催告的必要內容，雖然如此，民法第二二九條第一項規定，債權人的催告即發

---

❺ 最高法院一○○年臺簡上字第四號判決似乎已更正之前見解，即略謂：「按民法第一百六十九條之表見代理，代理人本係無權代理，因本人有表見授權之行為，足使交易相對人正當信賴表見代理之行為，為保護交易之安全，始令本人應負授權之責任。準此，所謂不法行為不得成立表見代理，係指不法行為之本身而言，非謂所無權代理之法律行為不得成立表見代理」。

生給付遲延效果。再例如民法第一○五三條的通姦宥恕，只要配偶對另一配偶的通姦行為表達宥恕，不論宥恕配偶有無不想離婚的意思，都會發生離婚請求權喪失的效果，惟雖然準法律行為亦可以被代理，但具有高度身分行為性質的準法律行為，卻仍不可被代理，因此民法第一○五三條的宥恕，本書以為仍不可被代理。

貳、代理人的資格及和使者的區別

在代為處理事務理論下，代理人自為意思表示，而該意思表示卻直接對本人發生效力。在代理人自為意思表示的理解下，必須進一步討論的是，是否代理人本身須具備行為能力？與使者制度如何區別？以下即繼續加以說明。

一、代理人的行為能力

根據民法第一○三條第一項規定，代理人所為的意思表示，對本人直接發生效力，意謂代理人自為代理行為（意思表示），因此往往代理人就可以對代理行為的內容有決定的自由，例如可以自己決定要挑選那個買賣標的物，甚至也可以自由決定是否要締約等等，故學說❻要求代理人不可以是「無行為能力人」，因為無行為能力人根本無法為意思表示，但卻同意代理人可以是限制行為能力人。而且因為代理人不須對代理行為負責，因此授與代理權給限制行為能力人，對其而言，雖非是純屬法律上之利益，但亦非是法律上的不利益，而是一種中性行為，故在類推適用民法第七十七條但書規定下，限制行為能力人無須得到法定代理人同意，即可以有效取得意定代理權的授與。此外，受輔助宣告之人所為的意思表示，必須得到

---

❻　王澤鑑，《民法總則》，第 491 頁；李淑如，《民法總則》，第 344 頁；鄭冠宇，《民法總則》，第 366 頁。

輔助人同意（參照民法第十五條之二第一項本文），因此受輔助宣告之人實質等同限制行為能力人，可以稱之為「準限制行為能力人」，故不排除亦可以為代理人，且也無須得到輔助人同意，即可以取得意定代理權的授與（參照民法第十五條之二第一項但書）。

有疑問的是，法定代理人可否為限制行為能力人？例如未成年而未婚生子，是否該未成年生母，可為其子女的法定代理人。我國親屬法並未有特別規定，學說❼以為限制行為能力人仍可為子女的法定代理人，只是作者以為，既然限制行為能力人基於自己的思慮不周，尚不足以處理自己的法律事務，因此其所為的法律行為並不生效力，又如何能擁有足夠的思慮能力，以子女利益為考量而有效地代理子女為法律行為？因此應認為法定代理人不許為限制行為能力人才是（參照民法第一〇九六條第一及第二款）。

至於董事可否為限制行為能力人？則又是另一思考，因為雖然董事是法定的公司代表人（參照民法第二十七條第二項），但是畢竟董事是由公司所選任，既然公司自己選任限制行為能力人為董事，除非法律有特別規定，例如公司法第一〇八、一九二條，否則自然也無必須加以特別保護禁止的必要。

二、表意使者（意思表示的傳達人）

㈠概念區別

「使者」是一個不易和「代理」相互區別的制度。前者指行為人並不自為意思表示，而僅是轉達他人（表意人）的意思表示，學說❽稱之為「（表意）使者」，本書則較傾向稱之為意思表示的「傳達人」。因為意思表

---

❼　戴炎輝／戴東雄／戴瑀如，《親屬法》，第 471 頁。

❽　林誠二，《民法總則新解（下）》，第 189 頁。

示的傳達人（使者）不自為意思表示，而是將已經存在的意思表示，轉達給相對人，使之生效（參照民法第九十四條及第九十五條），因此意思表示傳達使者，也就對意思表示的內容並無自由決定的權限，故非是代理人，因而不適用代理的相關規定，例如使者自無須以有行為能力為必要❾，即使是無行為能力人亦可為意思表示傳達人（使者），例如大學研究生委由 6 歲弟弟代為向同班女生 A 傳達為「婚約」的意思表示（民法第九七二條），該婚約意思表示不會因傳達人為無行為能力人而不生效力。此外，代理人自為意思表示，因此代理人在為意思表示過程中，也會發生錯誤，對於代理行為所生的意思表示錯誤，自有民法第八十八條的適用，但是傳達使者不為意思表示，因此不會發生意思表示錯誤，而只會發生傳達錯誤，例如上述 6 歲弟弟卻誤向 B 女傳達「婚約」的意思表示，自非是適用民法第八十八條規定，而應是適用民法第八十九條的「傳達錯誤」。

概念上區別「代理人」和「傳達人」（使者），並不困難，但是如何在實際案例上，正確判斷，卻並不簡單，例如如何判斷 7 歲小學生幫媽媽買鹽，或是外交口譯人員，是「代理人」抑或「傳達人」？少數說❿認為，判斷的標準應以委託人和受任人間的內部關係為準，如果雙方約定受任人可以自由的決定意思表示的細節，就符合自為意思表示的要素，即為代理人，但通說⓫以為，判斷的標準不應以委託人和受任人間的內部關係為準，而應是以受任人在外部所表達出來的型態，究竟是自為意思表示，抑或僅是傳達意思表示為準。因此即使委託人在內部關係上，並未授與代理權給受任人，但是如果受任人卻是以自為意思的型態出現，例如 A 向 B 表示：「我幫 C 購買汽車一部」，則是代理。對此，作者亦從通說，依此，則上

---

❾ 同上註。

❿ Staudinger/Dilcher, vor §164 Rdn. 76.

⓫ BGHZ 12, 334; Flume, Allgemeiner Teil des BGB II, §43 4.

述的 7 歲小學生幫媽媽買鹽，有鑑於年紀過小，外界尚難以認定可以清楚自為意思表示，因此應認為他是媽媽的意思表示代傳使者，而外交口譯人員❷，基於工作的性質，更是被要求必須忠實傳達意思表示，而不能自做意思表示，故也是「傳達使者」而不是「代理人」。

必須強調的是，代理人自為意思表示，因此往往對於意思表示內容擁有決定權，但是也僅是止於「往往」的一般正常情況，不排除在極少數例子，本人雖授與代理人代理權，但卻要代理人謹遵守指示（參照民法第一〇五條但書），故代理人無得自由決定代理行為內容細節，即使如此，不排除本例仍可成立代理，例如 A 明確表示：「我接受 B 的代理委託，投票決定『特定人 C』為董事」，雖然 A 受 B 的委託投 C 一票，而無得自由決定其他人選，但本例 A 仍是 B 的代理人；反之，即使受任人被授與代理權，但卻決定不願自為意思表示，而對外表現出傳達他人的意思表示，則受任人的法律地位仍僅是傳達人，例如 A 向 B 表示：「C 要我來買車」。有問題的是，如果受任人主觀上是以「傳達使者」地位出現，但對外卻被誤以為是「代理人」，則受任人是否應負起無權代理責任？學說❸以為，因為受任人根本就自始並未自為意思表示，故也就無意思表示信賴責任的適用，而應是適用無意思表示的信賴責任規範，即應適用欠缺「表示意思」相關的規定才是。

㈡法律效果

如同代理人，意思表示使者亦必須取得本人的授權，賦予可以代為傳達意思表示的權限，其所傳達的意思表示始對本人發生效力。可以同意的是，學說❹認為如果授權給使者有傳達意思表示的權限，但使者在外部卻

---

❷ BGH BB 1963, 204.

❸ MünchKomm/Schramm, vor §164 Rdn. 44.

❹ Palandt/Heinrichs, vor §164 Rdn. 11; Erman/Brox, vor §164 Rdn. 24.

是以「代理人」地位，自為意思表示，解釋上應認為授權傳達意思表示權限的內涵，亦包含可以為代理行為，本人無須再為事後承認，即對本人發生效力，因為對於本人而言，意思表示究竟是以代理制度或是使者制度對本人發生效力，並非重要。結果，以代理人姿態出現的「使者」，其所為的意思表示自也應符合所有的代理規範，始對本人發生效力，例如以代理人姿態出現的「使者」亦必須具備行為能力❶❺。

　　但如果使者根本未得本人授權，或有意識逾越授權範圍傳達意思表示，例如本人一開始向使者表示請代為寄信，之後卻改向使者表示：「不要寄了」（撤回授權的意思表示），但使者卻錯聽「不要忘記了」，而仍代為寄出❶❻，則作者以為，應按學說❶❼意見，類推適用民法第一七〇條無權代理的承認，或是類推適用民法第一六九條的表見代理規定處理，否則本人可以主張已經有效撤回授權，而無須負起本人責任。相反地，使者必須負起民法第一一〇條的無權代理的類推適用責任。

三、代收使者（意思表示的代收人）

　　使者除可以代為傳達意思表示外，在被授權的範圍內，也可以代收意思表示，是謂意思表示代收人，例如打理家中一切雜事的傭人（不是僅負責清掃的清潔人員❶❽）、房東或是大樓的信件收發管理員。如果第三人是擁

---

❶❺　不同意見：Flume, Allgemeiner Teil des BGB II, §43 4。

❶❻　本絕妙案例為王澤鑑教授所舉。案例涉及是否授權的意思表示被有效撤回及相關的使者責任。

❶❼　參閱 MünchKomm/Schramm, vor §164 Rdn. 51。

❶❽　僅是負責家中清掃的清潔婦，並未被授權可以代為收受意思表示，因此不是主人的「代收使者」。相反地，如果表意人將信件交給該清潔婦，則該清潔婦卻是成為表意人的「代傳使者」，一旦清潔婦遲交信件給主人時，自是由表意人自負意思表示尚未到達生效的風險。

有收受意思表示權限的代理人（所謂**消極代理人**），則意思表示一到達代理人即生效力（參照民法第一○三條第二項），而代收使者（意思表示的代收人）所會發生的法律上最大問題，就是意思表示何時因了解或是到達而生效？

有學說❶認為，對於上述在家中的傭人或是在大樓的收發管理員，意思表示一旦送達此等人，即發生效力，唯有非在上述的空間的送達，例如在市場將信件交給傭人，始不生效力，而有待傭人的進一步傳送。但作者以為，如此的結論並不符合代收使者的概念，因為所謂代收使者是指「負有將所受意思表示再為傳達本人之人」，因此代收使者唯有將所受意思表示再傳達給本人時，對本人始生效力，才符合其代收使者的法律地位本質，若依該學說，結果將無法區別代收使者和代理人的不同地位。再者，代收使者往往被比喻成是「家中信箱」，但單是信件意思表示投進信箱，尚未必然就發生意思表示到達生效效力，因為有可能相對人因在上班，故而欠缺接觸並收取信件的可能性❷，則何以代收使者一收受意思表示，即發生到達效力？況且，按照一般被接受的意思表示「到達」定義❸，是指「意思表示①已經及於相對人可支配的領域，②而依一般狀況，相對人應該可能可以接觸並了解該意思表示之內容時，意思表示始為到達生效，至於是否相對人事實上已接觸並了解該意思表示之內容，則在所不問」，故一旦代收使者收受意思表示，即意謂該意思表示就進入本人可支配的領域（要件①），惟本人並不在家，則有無可能可以接觸並了解該意思表示之內容（要件②），不無疑問。

綜上所述，意思表示由代收使者收受，何時始發生到達效力，比較可

---

❶　Larenz/Wolf, Allgemeiner Teil des BGB, §46 Rd. 81; MünchKomm/Schramm, vor §164 Rdn. 53, 54.

❷　參閱王澤鑑，《民法總則》，第 386 頁。

❸　王澤鑑，《民法總則》，第 386 頁；邱聰智，《民法總則（上）》，第 544 頁。

以確信的意見，應是認為「按事務進行的一般情況，代收使者可以被期待將意思表示再繼續傳遞給本人」時，始發生意思表示到達效力❷。而必須強調的是，「按事務進行的一般情況」如何判斷？一般的社會觀點判斷，實具有重要性。因此，如果是由家中成員，例如身為家庭主婦的太太代收意思表示，則應視是否先生本人在家？如果先生本人在家，則意思表示當然就立即生效，但如果先生本人因上班而不在家，則「按事務進行的一般情況，代收使者可以被期待將意思表示再繼續傳遞給本人」的時點，應是指先生本人按正常下班時間，可以回到家中的時點（作者以為，一般可以接受的時點應是下午 6 點），意思表示直至此時始生效力，而如果代收使者（太太）因故而忘記再將信件交給已經回到家的先生本人，例如太太一直到晚上就寢前，才將信件交付先生，或是今天先生晚上有應酬，或是今天下班途中塞車，以至於超過下午 6 點才回到家，則所發生的延遲風險，自都是必須由本人自己承擔，換言之，意思表示都將在下午 6 點生效。比較特別的是，如果意思表示是在工作日被公司收發人員所代收時，不論公司董事代表有無在公司內上班，都應認為意思表示即因到達而生效才是，因為在一般商業行為考量下，商業行為的表意人都可以合理期待，公司內部會有適當的組織機關，可以隨時接受公司收發人員的再傳遞意思表示，如果公司欠缺如此的機關組織，則風險應由意思表示相對人，即公司承擔才是。

同樣地，向代收使者為對話的意思表示，也應遵循上述的原則，始生效力：「按事務進行的一般情況，代收使者可以被期待將意思表示再繼續傳遞給本人」，如果對話意思表示的代收使者，因過失而未能及時將對話意思表示，再傳遞給本人，該遲延風險應由本人自行承擔，而如果代收使者誤傳對話意思表示內容，則亦不妨礙該意思表示因而生效，代收使者所生的

---

❷　BGH NJW 2002, 1565, 1567.

誤傳風險，亦應由本人承擔，而不是轉嫁由表意人承擔，民法第八十九條並無適用餘地。問題是，如果代收使者在代收對話意思表示時，因未具備足夠的語言能力，而無法了解對話內容，例如是家中年幼小孩或是不具中文能力的外傭，而無法正確理解對話意思表示內容，則該對話意思表示是否仍會因了解而生效（參照民法第九十四條）？因為代收使者尚必須將意思表示傳遞給本人，意思表示始能生效，因此應認為要求其必須具備適當的了解能力，始足當之，否則如果使者無法了解對話意思表示的內容，則亦無法再被合理期待，有足夠能力再為傳遞對話意思表示，甚而可以說，本人實無意願授權家中年幼小孩，或是不具中文能力的外傭為意思表示的代收人。

參、代理行為意思表示的瑕疵及主觀心態歸責

今日學說對代理採「代為處理事務理論」❷，根據該理論，代理行為是代理人所為，只是代理的效果歸屬於本人。而既然代理行為是由代理人所為，是基於代理人的意思而形成，因此代理人的主觀意思就構成代理行為的形成基礎，故代理行為所可能發生的意思表示瑕疵（錯誤、被詐欺或被脅迫），或是法律上相關的重要事實主觀認知，遂亦應以代理人為斷才是，民法第一〇五條本文即訂有明文：「代理人之意思表示，因其意思欠缺、被詐欺、被脅迫，或明知其事情或可得而知其事情，致其效力受影響時，其事實之有無，應就代理人決之」。只是必須注意的是，如果民法第一〇五條的適用有違誠實信用原則時，自不應允許，例如代理人及相對人有意利用民法第一〇五條的代理人意思歸屬，而加諸不利益於本人（所謂「惡意詐害」），或是相對人明知並欲利用代理人的主觀認知，而強迫代理人當本人的代理人，自皆為法所不許❷。

---

❷ 參閱第一章、壹、三。

在無權代理的情況，一旦本人事後承認無權代理行為，就必須接受代理行為的拘束，此時亦有民法第一○五條的適用，本人必須接受代理行為的瑕疵，當然也可以主張代理行為的撤銷可能性。但如果本人是在得知代理行為有瑕疵後，又承認無權代理行為，則根據誠實信用原則的「矛盾行為禁止」(venire contra factum proprium)，就不應同意本人可以再主張撤銷代理行為。但如果本人終究並未承認無權代理行為，則無權代理的代理人就必須對相對人負起民法第一一○條的「無權代理」責任，只是此時不排除代理人自己也可以主張代理行為存在有意思表示錯誤、被詐欺或被脅迫的瑕疵，而撤銷之❷。

一、意思表示的瑕疵❷

㈠意思表示的解釋及錯誤

因為代理行為是代理人所為，因此首先對於代理行為的成立與否，自就應以代理人立場為判斷，至於代理行為內容的解釋，也應以代理人的行為為準，並根據「客觀理論」加以解釋，例如臺灣人（本人）委託英國友人為不動產代理人，向同為英國籍的相對人表示欲出售 "first floor" 的房子，則該 "first floor" 的解釋，就應以英語的意義為理解，意指臺灣房子的「二樓」，而不應是以本人（臺灣人）的語意為理解，而解釋成本人有意出售「一樓」的房子❷。因為代理行為是由代理人所為，因此代理人如果對

---

❷ 參閱 BGH 2000, 1405。

❷ 參閱 MünchKomm/Schramm, §166 Rdn. 12。

❷ 如果是「共同代理」（參閱第四章、貳、一），則只要共同代理人當中之一人的意思發生瑕疵，整個代理行為就有瑕疵，參閱 BGH NJW 1997, 3437。

❷ 但如果英國友人只是本人的「傳達使者」，而受委任向同為英國籍的相對人傳達本人有意出售 "first floor" 的房子，則 "first floor" 的解釋，就不無疑義，至少不應排除可以臺灣人所理解的語意「一樓」為解釋的可能，因為在使者的情

所為的代理行為（意思表示）內容上有誤解，或是對於相對人的人之性質有所誤解，甚至代理人所為的意思表示是受詐欺或脅迫，都不排除有得撤銷的可能，而撤銷權人自是本人，至於代理人是否也可以撤銷其代理行為，則端視其代理權範圍是否也包括有撤銷的權限。

如果表意人向代理人為「虛偽意思表示」，根據民法第八十六條及第一〇五條本文規定，除非代理人明知，否則該虛偽代理行為仍為有效❷，但是德國 Flume 教授❷卻認為，民法第一〇五條本文並不適用於虛偽意思表示之情況，因為民法第八十六條但書，使表意人在相對人明知虛偽意思表示之情況下，不受意思表示拘束，並非是為保護表意人，而是基於相對人此時並無保護之必要，因此如果認為虛偽意思表示有適用民法第一〇五條本文之可能，將會使得表意人無須對相對人負契約上的履行責任，反而獲得利益，則明顯不符合民法第八十六條但書之意旨❸。而如果代理人和相對人互為「通謀虛偽意思表示」，根據民法第八十七條第一項規定，則為無效，只是通說也強調必須注意相對人和代理人間透過「通謀虛偽意思表示」，共謀加害本人的可能性，此時就不應許可相對人主張民法第一〇五條本文，以符合誠實信用原則。

㈡詐欺及脅迫行為

民法第一〇五條本文規定，代理人之意思表示，因其「被詐欺、被脅迫」致其效力受影響時，其事實之有無，應就代理人決之，因此毫無疑問的是，如果代理行為受有詐欺或是脅迫，雖然被詐欺及受脅迫之人是代理人，但本人仍得主張撤銷代理行為。至於民法第九十三條規定：「前條之撤

況下，意思表示的解釋應以本人為準，而非以使者為準，參閱李淑如，《民法總則》，第 345 頁。

❷ 參閱 MünchKomm/Schramm, §166 Rdn. 5。

❷ Flume, Allgemeiner Teil des BGB I, §20 1; MünchKomm/Kramer, §116 Rdn. 8.

❸ 參閱劉昭辰，《民法總則實例研習》，例題 24【男朋友的玩笑】。

銷，應於發見詐欺或脅迫終止後，一年內為之」，發現詐欺或感受脅迫終止的事實，自應以本人為斷，而如果代理人亦有撤銷的代理權限，則也可以其為斷。

但比較有疑問的是，如果是代理人詐欺或是脅迫相對人為代理行為，致使該代理行為效力歸屬於本人，一般以為，相對人仍可向本人主張撤銷代理行為，甚至當代理人於訂約時，對於買賣標的物之瑕疵有惡意隱瞞時，本人也不能援引民法第三五五條第一項，而主張買受人明知物有瑕疵，免除本人的出賣人責任（參照民法第三五五條第二項但書），因為本人必須對代理人的惡意行為負責，且因為代理人的故意可責行為的效果承擔，較接近民法第二二四條「債務人之代理人或使用人，關於債之履行有故意或過失時，債務人應與自己之故意或過失負同一責任」，故應直接考慮該條文的適用，而無須考慮民法第一○五條的適用❸❶。

二、代理人對事實主觀認知的歸屬❸❷

㈠原　則

民法上有許多規定，將意思表示法律效果的產生取決於當事人的主觀心態認知，例如買受人明知買賣標的物存在有物之瑕疵，就不能再向出賣

---

❸❶　值得注意的是，德國學說（參閱 Larenz/Wolf, Allgemeiner Teil des BGB, §46 Rd. 100）認為，如果法定代理人是在得到法院的許可下為代理行為者，則未成年人就無須承擔法定代理人的惡意詐欺或是脅迫行為，以維護法院許可的公信力，典型的例子例如我國民法第一一○一條第二項「監護人為下列行為，非經法院許可，不生效力：一、代理受監護人購置或處分不動產。二、代理受監護人，就供其居住之建築物或其基地出租、供他人使用或終止租賃」。

❸❷　民法第一○五條只針對事實的主觀認知歸屬，但不適用於對當事人身分的認定歸屬，例如消費者保護法中的「消費者」或是「企業經營者」身分的認定，自然是仍應以本人認知為準才是。

人主張物之瑕疵擔保責任（參照民法第三五五條第一項）。而實務上最重要的例子，即屬物權的「善意取得」，例如代理人代理本人取得動產所有權（參照民法第七六一條第一項），當動產處分人欠缺處分權限時，則民法第八〇一條及第九四三條動產善意取得的「善意」要件決定，就應以代理人的主觀認知為準，如果是父母代理子女受讓動產，則只要父母中一人是「惡意」（明知或因重大過失而不知無權處分），則子女本人就不能主張善意取得動產所有權。再例如代理人代理受讓債權讓與，相關的規定，例如民法第二九七條「債權之讓與，非經讓與人或受讓人通知債務人，對於債務人不生效力。但法律另有規定者，不在此限」，或是民法第二九九條第一項「債務人於受通知時，所得對抗讓與人之事由，皆得以之對抗受讓人」，則此等債權讓與受通知的事實明知，亦是以代理人決定，甚至於意思表示違反民法第七十二條的「公序良俗」的認知心態，也是以代理人為準，同樣民法第七十四條第一項的「法律行為，係乘他人之急迫、輕率或無經驗，使其為財產上之給付或為給付之約定，依當時情形顯失公平者」，也是以代理人為準。

此外，即使是在非意思表示責任，民法亦有許多規定將法律效果的產生取決於當事人的主觀心態，例如民法第一七六條的「正當無因管理」的「管理事務，利於本人，並不違反本人明示或可得推知之意思」的決定，此時亦應是以代理人心態為準，例如好心人發現走失的小孩，加以照顧，而照顧方式自應以其法定代理人的意思為準。此外，根據民法第一九七條第一項規定「因侵權行為所生之損害賠償請求權，自請求權人知有損害及賠償義務人時亦同」，侵權行為的時效起算，以賠償請求權人明知有損害及賠償義務人時為準，在法定代理的情況，自應以法定代理人的明知為準，但在意定代理的情況，卻不能一般等同待之，除非本人為求釐清事實，故特別委由第三人代為處理損害賠償事宜時，例如委由律師訴訟，則本人自始必須承受該意定代理人的明知。

至於在多數代理人的情況，如果僅當中一個代理人明知事實，民法第一〇五條的適用，就必須區分處理。在意定代理下的「共同代理」❸ 情況，必須全部從事法律行為的共同代理人，都明知事實，本人才須根據民法第一〇五條受其拘束。在合夥組織的代理情況，民法第一〇五條僅在意執行合夥業務代理人的明知，其他未參與業務執行的合夥股東的明知，則不予以考慮，因此如果執行業務的合夥股東 A 代理合夥組織受讓所有權，即使其他不參與該受讓法律行為的合夥股東 B 明知無權處分，合夥組織亦可以主張善意受讓。但在法人的代表情況，基於民法第二十七條第二項規定：「董事就法人一切事務，對外代表法人。董事有數人者，除章程另有規定外，各董事均得代表法人」，則是以個別董事（或代理人）的明知為已足，因此如果 C 董事代表公司受讓所有權，則當有其他董事 D 明知無權處分之事實，公司即無得主張善意取得 ❸，至於董事 D 是否事後離開董事會，而不再具有董事資格，則在所不問。

㈡認知上的代理人

在德國實務的發展上，有主張將所謂「認知上的代理人」❸ 的事實主觀認知，歸屬於本人承受。所謂「認知上的代理人」，意指並無受有代理權限可以單獨代理本人為法律行為，而是以自負責任的獨立地位，處理本人所賦予的任務，而本人使用該人所提供的資訊，作為事實上的認知，並據以為繼續訂立法律行為的基礎，因此對於事實的認知有無，則當然就應以行為人——「認知上的代理人」為準才是，故學說認為此時應類推適用第一〇五條規定，而使「認知上的代理人」的事實主觀認知，歸屬本人承受。舉例言之，買受人買受玉石，但因欠缺相關專業知識，因此在受領玉石時，

---

❸　參閱第四章、貳、一。

❸　參閱 MünchKomm/Schramm, §166 Rdn. 19, 20, 21。

❸　德文原文為 "Wissensvertreter"，參閱 BGHZ 117, 104, 106。

帶專業鑑定人員一同前往，該專業鑑定人員因重大過失而不知玉石為偽，此時買受人即應根據民法第三五五條第二項及類推適用第一○五條本文，承擔該「認知上的代理人」的事實主觀認知，而不得再向寶石公司主張物之瑕疵擔保。再例如店長委由店員到供應商處受領買賣標的物，而成為民法第九四二條的占有輔助人，則該占有輔助人在受領標的物時，如明知無權處分，則在類推適用民法第一○五條之下，本人無得主張善意取得。

　　雖然不乏有學說❸反對上述「認知上的代理人」理論，但本書亦採肯定見解，一則實務上確實不乏本人有意單純承受第三人對於「事實」（非意思表示）的主觀認知（例如上述的玉石鑑定家），二則當本人利用第三人行為，直接為本人牟取利益，自然也應直接承受該第三人行為所會帶來的不利益才是（例如上述的占有輔助人），因此對於此等不屬於代理行為（意思表示）效果歸屬的問題，確實有需要擴大民法第一○五條的適用，以符合實務案例需求。此外學說也強調，此等「認知上的代理人」並不需要對外明示自己是為辦理本人所委託事項，換言之，「認知上的代理人」並無代理的公示原則適用❸，例如上述的玉石鑑定人即使是私下單獨到寶石公司鑑定，而寶石公司並不知其是本人的「認知上的代理人」，本人亦必須承受鑑定人的事實認知過失。

㈢事實認知的合併❸

---

❸　例如 Medicus, Bürgerliches Recht, Rdn. 581; Jauernig, §990 Rdn. 2。其認為對於此等並無代理權之人的主觀認知歸屬承受問題，應是類推適用（我國）民法第一八八條第一項較為適宜，而最終取決於本人對於此等人的行為，有無善盡監督義務。

❸　參閱第三章、壹。

❸　讀者可以發現，組織體的「認知上的代理人」及「事實認知的合併」問題，在我國政府組織內亦是問題重重，例如政府採購單位和驗收單位的負責人往往不同，或是政府的稅捐單位明知違章建築的存在，並加以課徵房屋稅，工務拆除

在大企業組織內，基於分工需求，因此不同的業務資料就會由不同的人，基於不同的職務所管理，因此對於事實的有無，知情與否可能因職務不同而有別。例如在上述的寶石公司，採購部門的人員知道寶石有瑕疵，卻仍以低價採購，但是業務部門卻不知寶石的瑕疵而販售，甚至在顧客詢問時，明白表示寶石絕無瑕疵，此時寶石公司必須負起民法第三六〇條責任？而在銀行的業務上，也經常發生業務部門在向顧客推銷購買某基金時，雖不知該基金的虧損營運狀況，但投資部門卻得知此一訊息，銀行必須對客戶負起瑕疵諮詢責任（民法第二四五條之一「締約上過失」)？甚至吾人更可以想像在國際性的大企業，企業資訊是散佈在各國分店間，如此問題將更顯複雜。對此，德國聯邦最高法院❸及學說通說❹以為，相較於個人，大企業不應因組織上的分工，而取得較優勢的有利地位，因此大企業必須一起合併承擔其內部人員（「代理人」或是「認知代理人」）的主觀認知，而不能將企業內部因組織流程管理不完善，故成員間的資訊無法順暢通達的風險，加諸於外界第三人，而危害交易安全。換言之，大企業必須確保組織內部，各部門間的合作能力及資訊的流通性，而承擔起自己組織上的瑕疵結果。但學說也強調，在企業組織中，並不是所有的員工彼此之間都會有密切的聯繫，都會隨時交換資訊的有無，企業更不存在有隨時詢問已離職員工相關資訊的可能性，因此往往必須根據誠實信用原則，檢查企業是否有建立檔案的義務或是否有足夠能力建立資訊交換的規劃，特別需考量今日電腦檔案管理的方便性等等。一旦肯定企業有此義務，企業就必須一起合併承擔其內部人員對事實認知的有無，而適用民法第一〇五條，而明顯地，基本上應肯定企業須負如此的義務，因此上述案例，當事人（本

單位還能主張違章建築的拆除？

❸　BGH NJW 1995, 2159.

❹　Palandt/Heinrichs, §166 Rdn. 8.

人）必須承擔起事實的認知結果。

只是在實務的判決中，如何認定組織的內部資訊流通義務，並非易事，例如在德國聯邦最高法院❹的案例中，某地方自治團體 (Gemeinde) 出售一塊有瑕疵的土地給某鄉民，但該地方自治團體的某一具有代表權限的組織成員卻明知該土地的瑕疵，但並未告知該地方自治團體，亦未留有相關檔案資料，即使在該地方自治團體出售土地之時，該代表已經離職，但德國聯邦最高法院仍判決該地方自治團體必須承受該代表的明知土地瑕疵事實。但在另一個類似的案例上，德國聯邦最高法院❷卻做出不同的判決：某地方自治團體的不動產財產局 (Liegenschftsamt) 出售一塊有瑕疵的土地，而該地方自治團體的建設局 (Baurechtsamt) 轄下的專業人員明知土地瑕疵事實，對此，德國聯邦最高法院卻認為，該地方自治團體無須在本案土地買賣中，承受上述專業人員的明知事實，因為一則該專業人員並不屬於該地方自治團體為鑑定土地瑕疵與否，所特別委任並予鑑定任務的「認知上的代理人」，二則德國聯邦最高法院認為，地方自治團體並不為基於保護私法買賣上的交易安全考量，而負有組織超部門間的資訊流通義務。

三、依本人指示所為的代理行為

㈠原則：就本人決之

代理行為既然是代理人所為，因此代理行為所可能發生的意思表示瑕疵（錯誤、被詐欺或被脅迫），或是法律規範上相關的重要事實的主觀認知，遂亦應以代理人為斷才是，但民法第一〇五條但書卻規定：「代理人之代理權係以法律行為授與者，其意思表示，如依照本人所指示之意思而為時，其事實之有無，應就本人決之」。該條文的基本思考建立於：當本人指

---

❹　BGH NJW 1990, 975.

❷　BGH NJW 1992, 1099, 1100.

示代理人為特定的代理行為，則代理人事實上根本就是以忠實實現本人意志為職志，而從事代理行為，結果代理人實質已經相當接近「使者」的地位，或是實質已經等同是由本人親自為意思表示，則此時代理行為有無意思表示錯誤的判斷，就應改由本人立場決定。而就法律理論的實質觀察上，民法第一○五條本文和但書，其實具有一致性，立法者價值判斷上一致認為，代理行為的瑕疵與否及相關重要事實的主觀認知認定，都應以事實上真正形成代理行為意思之人為準才是，例如當代理人受本人指示受讓特定的汽車，雖然代理人善意不知無權代理事實，但卻為本人所明知，此時根據民法第一○五條但書，本人就不能藉由代理人的善意，而主張善意受讓取得汽車所有權。

　　條文所謂的「指示」，在概念上應做廣義的解釋，不限於一定自始以「**特別代理**」的情況發生，本人可以首先授與代理人「**概括代理**」或是「**種類代理**」❹，當代理人在從事代理行為時，本人再為具體的指示亦是條文所謂的「指示」。而「指示」也不限於一定要針對特定的標的，大凡指示一定的範圍即可。此外，如果本人明知代理人要為特定的行為，能阻止但卻未為阻止，則亦被認為等同「指示」代理人為該特定行為❹。至於條文但書所謂「應就本人決之」，自應是以本人授與代理權給代理人當時的時點為準，但如果本人是在事後始得知事實，則須視本人有無可能再經由新的指示，向代理人下達新指令，如果有可能，但本人卻不作為，本人仍亦必須承擔事實認知的結果；反之，本人就可以主張自己的善意不知❹。雖然條文但書本身並未清楚說明，但是可以肯定的是，不許可相對人利用條文但書，牟取不當利益，例如相對人首先欺騙 A，表示買賣標的物完美無瑕，

---

❹　對於「特別代理」、「概括代理」及「種類代理」的概念理解，參閱第四章、貳、三。

❹　參閱 BGHZ 50, 364, 368。

❹　Palandt/Heinrichs, §166 Rdn. 11.

A 再向本人爭取特別指示的代理權授與，並進而與相對人訂約，本例雖是「本人指示」，但詐欺有無仍應以代理人 A 為斷才是。

在本人指示代理人為代理行為的情況下，如果代理行為的瑕疵不是發生在代理人身上，而是發生在本人身上，本人是否可以主張民法第一〇五條但書的適用，不無疑問。例如本人欲向代理人指示以「100 元」出售某特定物品，卻說錯成「10 元」，而代理人也真的以「10 元」出售，本例的買賣意思表示，代理人並未發生意思表示錯誤，錯誤是發生在本人身上，此時本人可否主張適用民法第一〇五條但書，在「指示」的情況下，代理行為有無意思表示錯誤，應以本人決之，故而撤銷買賣行為？作者以為，當本人指示代理人為特定的代理行為，使得代理人事實上不再存在有自由決定意思內容的權限，結果代理人實質已經相當接近「使者」的地位，或是實質已經等同是由本人親自為意思表示，則此時代理行為有無意思表示錯誤的判斷，或是代理行為有無受到詐欺或脅迫，就應改由本人立場決定，因此似乎宜認為本人可以援引民法第一〇五條但書，直接撤銷代理行為。但是作者也必須強調，如此的適用民法第一〇五條但書，不無有多餘之感，因為本人本就可以意思表示瑕疵為由（錯誤、受詐欺或受脅迫），而撤銷代理權授與的意思表示，進而形成無權代理，最終仍無須對於代理行為負起履行責任。

㈡無權代理的事後承認

德國聯邦最高法院 ❹ 認為，一旦本人事後承認無權代理行為（參照民法第一七〇條第一項），結果就等同本人指示代理人為特定的代理行為，因為整個效力未定的代理行為，最終將取決於本人的意思，因此在事後承認無權代理行為，對於事實主觀上的認知判斷，應同時以代理人及本人決定。換言之，在事後承認無權代理的情況，應同時適用民法第一〇五條本文及

---

❹　BGH BB 1965, 435.

但書，例如代理人無權代理本人受讓汽車所有權，本人事後加以承認，若本人欲主張善意取得汽車所有權，除代理人於受讓時須為善意外，本人在為承認時也必須是善意。有問題的是，**輔助人**雖然不是受輔助宣告之人的法定代理人，但卻對受輔助宣告之人所為的法律行為，具有**承認權**（參照民法第十五條之二第一項），是否善意取得的事實主觀認知，也應以其為準？對此，作者採肯定態度，因為輔助人地位實如同法定代理人般，對於受輔助宣告之人所為的效力未定法律行為，最終也具有決定性的意見參與，實則如同輔助人自己本身參與了法律行為的訂定，故自也應類推適用民法第一○五條但書，受輔助宣告之人必須承受輔助人的事實認知結果。

㈢法定代理

由民法第一○五條但書所言的「依本人指示」，可知本條但書的適用，原則上僅限於意定代理，而不適用於法定代理❹，因為「本人」不可以指示其法定代理人為特定事項，因此即使在事實的案例上，未成年人唆使法定代理人為特定的法律行為，而法定代理人確實也照做，亦無民法第一○五條但書的適用，這是因為基於貫徹民法對未成年人的保護思維，自然不應理會，也不應對未成年人的主觀意思或是認知，賦予一定的法律效果才是，一切最終仍應是取決於未成年人的法定代理人主觀意思及認知。但因為限制行為能力人對於純獲法律上利益，或是依其年齡及身分、日常生活所必需的法律行為，具有完全的行為能力（參照民法第七十七條但書），因此對於此種的法律行為，就不應排除有民法第一○五條但書的類推適用餘地❹，例如限制行為能力人不能為求「善意取得」，而指示其法定代理人代理為物權受讓行為。

此外，不排除在一些案例上，民法第一○五條但書可以被類推適用於

---

❹　參閱 Larenz/Wolf, Allgemeiner Teil des BGB, §46 Rd. 109。

❹　參閱 MünchKomm/Schramm, §166 Rdn. 37。

法定代理，例如德國聯邦最高法院❹認為，當父母因故被停止代理權限，但在明知事實下，仍鼓動善意不知情的「特別代理人」為特定的法律行為（參照民法第一○八六條第二項），此時未成年人就必須承受父母的事實主觀認知。學說也認為，民法第一○五條但書也可以被類推適用於民法第一○○三條之一的「夫妻日常家務授權」❺，例如明知瑕疵事實的丈夫，特別指示妻子購買某特定物，此時妻亦必須承受瑕疵事實的明知。

另外，民法第一○五條但書也可以被類推適用於間接代理的「行紀」行為❺，例如明知無權處分的本人，指示間接代理人購買該特定物，再移轉自己，此時就不應准許本人可以主張間接代理人首先善意取得所有權，然後再有權處分給本人。

---

❹　BGHZ 38, 65.

❺　參閱第一章、參、三。

❺　參閱第三章、壹、二。

第三章
代理的要件(2)
——本人名義

壹、公示原則

　　代理人須以本人名義為意思表示，為民法第一○三條所明示，是為代理的公示原則。但在一些實務的案例上，代理人明明是要為本人為意思表示，但卻並未以本人名義為意思表示，何以如此？這些違反公示原則的代理行為，效果可否直接歸屬於本人？以下即加以敘述。

一、概　說

㈠目的：保護相對人

　　根據民法第一○三條第一項規定,代理人必須以本人名義為意思表示,該意思表示始對本人發生效力，是謂「**代理的公示原則**」。換言之，代理人在為意思表示時，必須清楚表達是以代理人地位為意思表示，而以「本人名義」為意思表示，是一最能清楚表達代理關係的方式，例如契約簽名時，應簽署本人姓名，並在本人簽名旁邊再加註「×××代理」❶。而之所以講求「代理的公示原則」，其目的是在保護意思表示的相對人，使其清楚知道其法律行為的相對人是本人，而不是代理人，其應向本人主張權利，而非要求代理人負責。

㈡明示或默示均可

　　在「代理的公示原則」要求下，法律明白表示，法律行為的當事人是本人，而不是代理人。但必須強調的是，「代理的公示原則」並不意謂，代理人為代理行為時，必須「明示」其為「代理人」，因為既然「代理的公示原則」是為相對人利益而考量，因此只要相對人明確知道其法律行為的當事人是誰，即使代理人並未明示以本人名義為意思表示，而僅是以默示之方式（所謂「默示代理」），亦不妨礙代理的成立，而放鬆公示原則，例如

---

❶　參照保險法第四十六條：「保險契約由代理人訂立者，應載明代訂之意旨」。

典型的商店店員（默示）代理老闆出售物品。

㈢法律效果

　　如果代理人未能符合「公示原則」，且未以本人名義為意思表示，致使外界以為代理人是法律行為當事人，為求貫徹「公示原則」以求保護相對人對交易安全的信賴，代理人於此情況，必須自負法律行為責任，而且不得主張其根本無意為意思表示。換言之，代理人不能主張根本就無意成為法律行為當事人，故而欠缺「效果意思」，因此也不能同意代理人主張民法第八十八條第一項的意思表示錯誤撤銷（內容錯誤）❷，例如當父母帶小孩到百貨公司購買玩具給小孩，或是父母帶小孩到速食餐廳購買漢堡給小孩，通常父母不會明確向店員表示是「自己」或是「代理小孩」購買玩具或漢堡，而根據一般情況，應認為父母是以自己名義購買玩具及漢堡，因為若要年幼小孩自行負起玩具或是漢堡買賣契約的價金給付責任，殊不合理，因此在欠缺代理公示原則下，父母才是契約當事人，以保護相對人利益，父母不得以無意自為當事人，因此發生意思表示錯誤為由，而主張撤銷買賣契約，父母終究必須對意思表示相對人負起自己的契約責任。

二、間接代理

　　行為人必須以本人名義為意思表示，以如此型態為他人處理事務，才是代理。但實務上不乏行為人為他人處理事務，卻仍是以「自己名義」為意思表示：行為人既然是以自己名義為意思表示，當然就必須自負責任、自己享有權利，之後行為人再將所取得的權利，轉交給他人，以如此型態為他人處理事務，自然就不是民法第一○三條的「代理」，學說稱之為「間接代理」，又有稱之為「隱名代理」。和「代理」相互比較下，相同點在於「間接代理」終究也是為本人利益而處理事務，但不同點在於，間接代理

---

❷　參照德國民法第一六四條第二項的立法例。

人是以自己名義為他人處理事務，因此學說往往稱間接代理是「以自己名義，卻為他人利益計算」的法律制度，以茲和民法第一○三條的「代理」制度相互區別。

㈠實　例

　　間接代理人為本人處理事務，原可以採用「以本人名義為意思表示」的型態，但卻採用「以自己名義」為他人處理事務的迂迴、間接方式，必有其原因。首先可以想見的是，本人不願讓外界知道自己從事了某個特定的法律行為，例如不想讓歹徒覬覦自己購買了價值不菲的珠寶，即可以採民法第五七六條的「行紀」型態（間接代理的一種），委由行紀人以自己名義買受珠寶，再轉交給本人：「稱行紀者，謂以自己之名義，為他人之計算，為動產之買賣或其他商業上之交易，而受報酬之營業」，屬於民法第五四七條有償委任契約的特殊型態。

　　採間接代理制度第二個可能的理由，乃出自於特殊交易安全的考量，例如我國證券交易方式即採用「行紀」制度，證券交易法第二十條第四項規定：「委託證券經紀商以行紀名義買入或賣出之人，視為前項之取得人或出賣人」，因此證券經紀商受委託買賣有價證券，應以證券商自己名義，在有價證券集中交易市場，為委託人利益，買賣有價證券，同時負有交付價金及移轉證券權利的義務，之後證券經紀商再將所得價金或是證券權利，轉交給委託人。而之所以證券交易採「行紀」制度，是有鑑於證券交易所特有的高風險性及市場迅速波動性，故必須具有快速、安全完成證券交易的特殊考量，因此證券交易不宜直接成立在投資散戶間，而因為證券商的經濟實力較投資散戶為佳，故使契約成立在證券商間，以防出現影響證券市場交易穩定性的違約交割情況。

　　而第三個採間接代理的原因，是法律上或是事實上不許可當事人直接訂約，因此當事人只好委由第三人，以第三人自己的名義為法律行為，再從中間接取得利益，例如法律上不許可在未得全體合夥人同意下，將合夥

股份轉讓於他人（參照民法第六八三條本文），因此第三人就只好委託其他合夥股東，以股東自己名義受讓合夥股份，而無須得到其他股東的同意（參照民法第六八三條但書）；或是事實上股東不願和任意第三人成立有限公司，而只願和特定人成立有限公司，因此第三人只能委託該特定人為「間接代理人」，和其他股東共同成立有限公司；再例如銀行不願借款給 A，因此 A 只得委託 B 向銀行借款，此等都是實務上採用「間接代理」的重要實例。

(二)法律效果

間接代理是以行為人自己的名義為意思表示，因此行為人自己是法律行為的當事人，而由自己取得權利，並負擔義務，再按和本人（委託人）間的約定，請求本人給付金錢（參照民法第五四五條及第五四六條第一項），並移轉交付所取得的權利給本人（參照民法第五四一條）。也正是因為間接代理人是法律行為當事人，因此其首先由相對人處取得權利，例如間接代理人由相對人處取得物之所有權或是債權，此時本人尚未取得該物之所有權或是債權權利，因此也不許可本人的債權人對該物或是債權，行使查封的強制執行。相反地，間接代理人的債權人自可以對該物及債權，行使查封的強制執行，本人不得主張強制執行法第十五條的第三人異議之訴。因此本人為避免因為無得主張第三人異議之訴，而遭受損害，可以考慮以下列方式事先預防：

就動產的所有權保障而言，本人和間接代理人可以預先約定「占有改定」（所謂「預先的占有媒介關係約定」）❸，而在當間接代理人由相對人處取得動產的直接占有時，同時本人取得間接占有地位，完成本人對動產的占有，本人因而即刻取得動產所有權（參照民法第七六一條第二項）。雖然本人藉由「預先的占有媒介關係約定」，法律上瞬間取得所有權，但是動

---

❸ 參閱劉昭辰，《物權法實例研習》，例題 6【律師取車】。

產所有權仍是首先歸屬於間接代理人，再由本人由間接代理人處輾轉取得，但即使如此，如果在此期間（預先占有改定約定後，本人取得間接占有前），間接代理人的債權人主張對該動產為查封或主張破產效果，基於處分行為的「順序決定原則」的考量，本人的動產受讓行為仍應為有效才是，而不受查封或破產的處分限制。

　　至於債權的預先讓與就比較棘手。如果間接代理人在尚未由第三人處取得債權前，即經由「**預先的債權讓與合意**」，而將尚未成立存在的債權讓與給本人，當債權之後成立的瞬間，債權立即歸屬於本人❹，間接代理人的債權人在「預先的債權讓與合意」之後所為的查封行為，基於處分行為的「順序決定原則」，債權讓與行為仍為有效。但在間接代理人破產時，就須另有不同的考量：如果間接代理人將尚未成立存在的債權，例如間接代理人根本尚未和第三人為買賣契約，即經由「預先的債權讓與合意」預先讓與給本人，之後間接代理人破產，則間接代理人取得債權權利，預先讓與不生效力，債權仍屬破產財團，這是因為本人對於一個根本不存在債權的取得期待，根本不值得保護之故；但如果間接代理人已經和第三人為買賣契約，只是該債權仍有待條件成就或是期限屆至始生效力，間接代理人即將該債權預先讓與給本人，則即使之後間接代理人破產，一旦債權確實有效成立，本人即可以主張債權直接由第三人處取得，而非間接由間接代理人處取得，這是因為本人對於一個已經成立，但尚未生效的債權取得期待，有保護的必要性之故❺。

---

❹　本人究竟是直接由第三人處取得債權？抑或債權先歸間接代理人所有，再依法律移轉給本人？學說頗有爭議：參閱 Palandt/Heinrichs, §398 Rdn. 11, 12, 23。但即使採後說，基於「順序決定原則」，後於債權讓與的查封，仍宜認為該查封無效才是，債權確定歸本人所有：參閱 MünchKomm/Schramm, vor §164 Rdn. 20。

❺　通說：參閱 Larenz, Allgemeiner Teil des SchR I, §34 III; Palandt/Heinrchs, §398

三、以他人姓名為意思表示

在公示原則下，代理人以本人名義所為的意思表示，本人即是該意思表示的當事人。但實務上卻不乏，行為人雖然以他人姓名為意思表示，但卻引起外界懷疑誰才是真正意思表示的當事人，例如通緝犯以「王大明」（菜市場名字）登記入住旅館、影星以藝名「豬哥亮」簽署經紀契約、使用朋友的會員證享受折扣優待、偽造他人票據簽名，或是學生透過電話以教授名義訂購皮薩（惡整教授）等，該等案例和一般所理解的代理，相同點在於：行為人並未使用自己的姓名為意思表示，但不同點在於：一般代理人是為本人利益而為意思表示，但上述案例的行為人卻是為自己利益而為意思表示，行為人希望透過使用他人姓名，而獲得自己的利益，學說稱此等案例為「冒名」行為，行為人希望透過冒用他人姓名，讓外界以為自己就是被冒用姓名的本人。

由上述案例可知，廣義的「冒名」行為類型繁多，但就通緝犯以「王大明」（菜市場名字）登記入住旅館，及影星以藝名「豬哥亮」簽署經紀契約的案例類型而言，又不同於其他案例類型，此等案例之行為人並無意使相對人誤以為自己是另一人，並無身分一致性混淆的情況，只是基於種種原因，例如不願讓人知道自己的真正身分，或是自己的藝名比本名更加具有熟悉度，因此行為人不使用自己本名，而使用了另一個姓名，本書稱此等案例類型為「**使用假名**」行為，其特徵在於行為人所使用的假名，往往是一「菜市場名字」或是根本不存在的人物❻，嚴格而言，並不屬於「冒名行為」。

Rdn. 11。

❻ 例如實際案例曾發生，某女星以「白雪公主」的名義，登記進住飯店。

(一)使用假名

不論是「冒名」或是「使用假名」行為，究竟法律行為的當事人是誰？唯有透過意思表示的解釋，始能探得，而且應採「客觀解釋」，以「一般人處在意思表示相對人的立場，會如何理解意思表示的相對人應是誰」為解釋的標準，以保護意思表示相對人的利益，至於行為人主觀上的意思，究竟是要以自己為法律行為的當事人，抑或以「姓名所指涉之人」為當事人，則在所不問。在此解釋原則下，「使用假名」的案例可以清楚認知到，意思表示的相對人（旅館、經紀人）顯然是要和行為人訂約，因為旅館主觀上最終要請求住宿費用給付的對象，乃是真正住宿的人（即通緝犯）；而經紀人當然也是要該簽約的影星履行演藝合約，至於行為人使用如何的「姓名」，意思表示相對人顯然並不在意，故而基於意思表示的解釋原則——「**錯誤的表象不傷真意**」(falsa demostratio non nocet)❼，在「使用假名」案例類型上，「姓名」的使用對雙方當事人而言，都不重要，因此「使用假名」的法律行為當事人是行為人，可以對自己所為的意思表示享受權利，同時也必須負擔起義務，本案例類型並無民法第一〇三條代理的直接適用或是類推適用的必要。必須強調的是，使用假名的案例，不論行為人和相對人的締約，是遠距離的締約抑或是面對面的締約，解釋上都不具重要性，不影響意思表示解釋的結果，因為即使通緝犯是透過電話，而以「王大明」名義向旅館為意思表示，但基於旅館清楚認知「王大明」是一「菜市場名字」，不能真實表彰當事人身分，因此旅館顯然是要和行為人締約，而不是「王大明」。

(二)冒 名

比較困難的是「冒名」行為，因為意思表示相對人對於行為人所使用的名字，往往不是「菜市場名字」或是不存在的人物，故相對人會產生一

---

❼ 陳自強，《契約之成立與生效》，第 243 頁。

個不同於行為人身分的另一個特定身分的想像，故而發生身分一致性的混淆，因此往往必須透過其他客觀的情狀，始能正確的解釋相對人的意思，究竟是要和行為人訂約，或是要和姓名所指涉之人締約。而解釋的重點是，意思表示相對人對於「姓名」所指涉之人，有無締約上值得保護的利益❽，而必須再強調一次，行為人究竟和第三人是遠距離締約，抑或面對面締約，就意思表示的解釋上，仍不具關鍵性，例如使用別人的會員證享受折扣優待，或是偽造他人票據簽名，即使行為人當面和相對人為法律行為，但是有鑑於折扣優惠僅限於會員本人，及基於票據製作、簽發的嚴格要式性要求，因此明顯地相對人是想要和姓名所指涉的本人訂約，而非和行為人訂約。

　　而無權使用他人的 E-mail 或是臉書帳號為意思表示，或是學生透過電話以教授名義訂購皮薩，因為相對人經由 E-mail 或是臉書帳號及訂購人的姓名，而對其意思表示的當事人身分，產生一定的認知，故而自應以姓名所指涉之人為法律行為的當事人。通說❾認為此時應類推適用民法第一〇三條第一項的代理規定，端視行為人有無取得本人的授與代理權而定，如果本人實有授權，本人就必須負起該法律行為責任，如果沒授權，則又須視本人是否事後承認該法律行為（參照民法第一七〇條第一項），或是本人有無類似表見代理的情況（參照民法第一六九條），否則就應類推適用民法第一一〇條，要行為人負起無權代理責任❿。

---

❽　參閱李淑如，《民法總則》，第 361 頁。

❾　MünchKomm/Schramm, §164 Rdn. 36. 少數說認為直接適用代理規定：參閱 Flume, Allgemeiner Teil des BGB II, §44 IV.

❿　無權使用他人姓名的行為人通常也會因「冒名」行為，構成侵害本人的「姓名權」，又自不待言：參閱劉昭辰，《民法總則實例研習》，例題 49【太魯閣火車】。

貳、公示原則的鬆動

在保護意思表示相對人利益的思維下，代理制度強調「公示原則」，要求代理人必須明確以本人名義為意思表示。但是實務卻又在許多不妨礙意思表示相對人利益的情況下，放鬆「公示原則」，特別是當外界的情況清楚顯示，行為人是以代理人地位為意思表示時，即無須要求嚴格的代理公示原則。例如在加油站為顧客加油的員工，顧客都可以清楚認知，他只是加油站企業主的代理人，加油站的企業所有人，才是真正的契約當事人。換言之，即使欠缺公示原則，加油站員工所為的法律行為，當然是一代理行為，而且外界可以清楚確認誰才是真正的法律行為當事人，故此時可以放鬆公示原則（所謂「默示代理」）。

除此之外，在其他一些例子，要問的是，是否意思表示相對人仍有足夠的利益，要求得知法律行為的當事人是誰，故而有嚴格公示原則的適用？有無鬆動的可能？例如行為人很清楚的表達是以他人名義為意思表示，但卻礙於各種原因，而無法向相對人具體說明本人的身分，而外界亦無得可以確認（請和上述加油站案例相區別），如此訂立的契約，學說稱之為「公開的為他人行為」❶，有疑問的是，是否符合公示原則？如何認定本人身分？或是行為人主觀上是要為他人為意思表示，但卻未表現於外，學說稱之為「隱藏的為他人行為」❷，雖不符合代理的公示原則，可是對意思表示相對人而言，誰是法律行為當事人，卻有可能漠不關心，既然意思表示相對人都不關心當事人是誰，是否仍有必要堅持嚴格的公示原則？以下分別加以說明：

---

❶　德文原文是 "Offenes Geschäft für den, wen es angeht"。

❷　德文原文是 "Verdecktes Geschäft für den, wen es angeht"。

一、公開的為他人行為

實務上可以想像的例子，例如本人不願在拍賣會上透露自己的身分，而委由有信譽的知名藝術品經紀代理商，代理出售自己擁有的價值不菲的古董花瓶。而該藝品經紀商在拍賣時明確表達自己只是代理人，但卻又堅持不透露本人身分，而外界也無從確認誰是本人（①出賣古董花瓶）。或是代理法律行為成立時，本人身分根本尚未確定，而代理人保留可以在事後對本人身分再加以決定，例如藝品商代理人明知許多顧客對於拍賣會上的古董名畫都非常有興趣，但並未決定要為那一特定顧客代為買受古董，即向出賣人表明代理本人買受古董名畫，並約定事後再加以決定本人身分（②買受古董名畫）。就上述二例，出賣人只知道拍賣行為是一代理行為，但卻不知道誰是本人，也無從由外界得知確認誰是本人，是經典的「公開的為他人行為」。

此種「公開的為他人行為」為民法學說所認可❸，其認可的正當化理由在於，一則因為代理人已經清楚表達其是以本人名義為意思表示，因此該行為並未違反「代理的公示性原則」，二則既然意思表示相對人亦明知無從得知本人是誰，但卻仍願意訂立契約，自就無特別的保護利益。而之所以意思表示相對人會在①出賣古董花瓶的案例中，接受如此的契約，實是因為他對於契約當事人身分是誰無所謂之故，而此種無所謂態度，通常有其原因，例如因為是現金交易行為，或是如案例所示，代理人是一有專業、有信譽的一方，故而值得意思表示相對人所信賴。對於此等行為，如果事後完整地被履行，則自無法律問題出現，但如果事後出現法律問題，而相對人有正當的理由要求得知本人身分時，例如在①出賣古董花瓶的案例中，買受人發現所拍得的古董花瓶竟是贗品，而要向本人主張物之瑕疵擔保責

---

❸　Brox, Allgemeiner Teil des BGB, Rdn. 483.

任時，代理人即不得再拒絕說出本人姓名，否則就必須類推適用民法第一一〇條，負起無權代理責任❹。由此可知，「公開的為他人行為」雖然是一代理行為，而以本人為法律行為當事人，但終究意思表示的相對人無從得知及確認本人身分，故而僅能信賴代理人，故最終自然要求代理人必須負起責任。

在②買受古董名畫的案例中，意思表示相對人之所以會接受如此的契約，不同於①出賣古董花瓶案例，並不是他對於本人身分無所謂，而是因為契約成立時，即使是代理人自己也無法確認誰是本人，故而雙方約定由代理人事後決定本人是誰，基於契約內容確定性要求，因此契約應是直到代理人以意思表示向相對人表示，本人身分已經確認時（當然代理人可以無須具體說明本人身分），契約始生效力，而無類推適用民法第一七〇條第一項及第一一五條，溯及既往效力的餘地❺。而如果法律行為無法被順利履行，則代理人亦負有告知本人身分義務，否則也必須負起無權代理責任（類推適用民法第一一〇條）。

二、隱藏的為他人行為

行為人主觀上想要代理本人為意思表示，但卻在客觀上並未表現出來，是謂「隱藏的為他人行為」。在一些例子上，雖然「隱藏的為他人行為」違反代理的公示原則，但如果意思表示相對人明知該法律行為是「為他人的代理行為」，則法律仍會將法律行為的效果歸於本人，而適用代理規定，例如上述的「默示代理」。此外，如果意思表示相對人對於契約當事人究竟是何人，並無所謂時，法律也會在「隱藏的為他人行為」案例上，放棄代理的公示原則，而將法律效果直接歸於本人，典型例如日常的現金交易行為，

因為該等法律行為立刻就被履行完畢，因此對於意思表示相對人而言，並無了解當事人身分的實益性，因此也就不關心法律行為究竟是否是代理行為，而可以認定意思表示相對人承認被隱藏的本人，才是法律行為的當事人，因此在此等案例上，法律例外地放棄代理的公示原則，而將法律效果直接成立在被隱藏的本人，例如家中的傭人上街買菜，但卻未明確表示自己的代理地位，而市場攤販對於如此的一般日常現金交易行為，也不在意誰才是契約當事人，此時法律放棄代理行為的公示原則，而以僱傭人為契約當事人。雖然如此，有反對說❶認為「隱藏的為他人行為」對於法律行為的當事人身分並未明確決定，違反法律明確性原則，但通說❶卻仍以為，只要法律行為的當事人身分可得確定，而且意思表示相對人在為法律行為時，並不在意誰是相對人，則「隱藏的為他人行為」即無違反法律明確性原則，因此放棄代理的公示原則，也獲得正當性。因此依通說意見，是否「隱藏的為他人行為」可以成立代理？應取決於兩個要件：一是客觀上必須存在一種意思表示相對人並不在意當事人是誰的法律行為，二是本人身分終究可以被確定。

(一)現金交易行為

一般日常生活的現金交易行為，是客觀上最典型的意思表示相對人並不在意當事人身分的行為，因為對於意思表示相對人而言，最關心的就是

---

❶ Flume, Allgemeiner Teil des BGB II, §42 II 2 c; E. Wolf, Allgemeiner Teil des BGB, §13 V. 而作者以為，一旦「隱藏的為他人行為」在履行上不順利，例如意思表示相對人收到偽鈔或是多找了錢，則其終究仍會關心法律行為的當事人是誰，而且合理的期待是向意思表示行為人主張責任，要說意思表示相對人在「隱藏的為他人行為」完全不在意誰是法律行為的當事人，其實並不符合事實，因此「隱藏的為他人行為」在法律理論上的正當性，不無有再討論的餘地。

❶ Baur, Sachenrecht §51 VIII 3; Erman/Brox, §164 Rdn. 9.

是否可以收到對待給付？只要收到對待給付，至於當事人是誰，就已非是重要之事。即使事後意思表示當事人（出賣人）必須負起可能的瑕疵擔保責任，但其仍不關心究竟是誰要向他主張瑕疵擔保請求權。而現金交易行為絕不限於小額交易而已，即使是大數額的交易，亦有可能以現金給付方式為之，則不排除仍有「隱藏的為他人行為」適用的可能。

但法律行為是否是現金交易行為，不排除有時候仍必須透過解釋，方能得知，例如以信用卡方式給付，通常應可以清楚被認定是現金給付交易，但也僅限於立即的刷卡而已，如果雙方是透過網路交易，而約定在一定期限內，當事人可以選擇以各種方式付清價金，包括可以選擇信用卡刷卡方式給付，則仍不是此處所謂的現金交易行為，因為意思表示相對人（出賣人）並未在債權契約成立的一剎那，立即取得對待給付，故而網路交易的法律行為當事人仍有可能陷於給付遲延，因此當事人的身分對於意思表示相對人（出賣人）即具重要性，因此並無「隱藏的為他人行為」的適用，如果行為人並未對外清楚表達代理人的地位，就必須自負責任。而更清楚的是，如果雙方當事人約定以郵局匯款方式為給付，則也不是此處的現金交易行為，因為郵局匯款離契約的成立尚有一段時間之故。

綜上所述，意思表示相對人對於一般日常現金交易行為，並不在意法律行為的當事人是誰，故有無代理公示原則的適用，對於意思表示相對人而言，結果也不重要，因此就無代理公示原則的要求。日常現金交易行為的契約當事人認定，最終取決於表意人的主觀心態：如果表意人主觀上是要以代理人地位為代理行為，則表意人就不是契約當事人，表意人主觀所欲代理的本人，才是契約當事人。日常現金交易行為所代表的「隱藏的為他人行為」不適用代理的公示原則，對於本人的利益即具指標性，特別是在物權移轉行為上，具有意義性。就一般日常現金行為的買賣標的物所有權移轉上，意思表示相對人仍不會在意是將物的所有權移轉給誰，因此可以認定在物權移轉行為上，誰是當事人？最終仍取決於意思表示行為人為

物權移轉行為時的主觀意思決定，究竟有無以代理人地位，代理本人接受物權移轉。如果肯定確實是「隱藏的為他人行為」，則就由本人直接由意思表示相對人處取得所有權。

㈡當事人身分的可得確認

基於法律行為明確性的要求，因此當事人身分亦必須明確，或是至少可得確認，法律行為才能成立，即使是「隱藏的為他人行為」亦不例外。至於「隱藏的為他人行為」如何決定當事人身分？通說❸認為「隱藏的為他人行為」的當事人身分，以意思表示行為人的主觀決定：即端視意思表示行為人在為意思表示時，主觀上究竟是為何人代為意思表示，該人就是法律行為的當事人。但是通說也強調，意思表示行為人主觀上代他人為意思表示，尚必須是可以藉由一些外在客觀的情狀，加以合理確認得知者，始足當之，否則僅是行為人純粹主觀上為他人為意思表示，亦不足以認定本人就是法律行為當事人。而足以認定行為人所為的意思表示，和本人有相關聯的外界客觀事實，典型是行為人和本人間存在有內部關係，例如委任朋友代為購買書籍一本，或是該意思表示內容客觀上明顯和本人有關者，例如先生代妻子和婦產科醫師訂立醫療契約，而足以認定行為人所為的意思表示，確實是一「隱藏的為他人行為」。但少數說以為，如果認為因為意思表示相對人對於當事人身分並無所謂，所以在「隱藏的為他人行為」的案例上，可以放棄代理的公示原則，則通說尚且要求必須存在「**外界客觀事實足以認定行為人所為的意思表示和本人有相關聯者**」，才能成立隱藏的為他人行為，則是失之過嚴。

對此爭議，作者以為，若意思表示相對人對「隱藏的為他人行為」，並不在意當事人是誰，則可以放棄代理的公示原則，依此，通說意見似乎就顯得不必要而失之過嚴。但是也誠如通說所言，代理的公示原則除為意思

---

❸ MünchKomm/Schramm, §164 Rdn. 50; Soergel/Leptien, §164 Rdn. 34.

表示相對人利益外，也有為交易安全而考量，因為在代理的公示原則下，可以使得外界清楚認知，行為人不是為自己而為意思表示，而是為他人而為意思表示，因而外界可以認知到：行為人所為意思表示的法律效果並非是歸屬於自己，而是歸屬於本人，故基於交易安全考量，通說在放棄代理的公示原則同時，還要求行為人為意思表示時，必須有一定的客觀事實，使外界得知行為人所為的是一「隱藏的為他人行為」，以便使得外界可以清楚釐清權利、義務關係的歸屬，自具有其正當性。

㈢法律效果

「隱藏的為他人行為」的當事人身分認定，以意思表示行為人的主觀意思為準，即以意思表示行為人主觀所要代理的「本人」，為法律行為當事人。原則上意思表示相對人對於法律行為的當事人是誰，既不關心，也無所謂，更不會加以過問，但如果意思表示相對人例外存在有正當的理由，而有必要知道法律行為的當事人是誰時，代理人即負有說明、告知本人身分的義務，例如當法律行為無法順利被履行時，或是有一方要主張物之瑕疵擔保請求，或是有一方要主張價金的誤算時，意思表示相對人都可以請求代理人告知本人身分，或是事後才發現代理人並無代理權而「隱藏的為他人行為」，此時意思表示相對人也可以請求無權代理人，必須告知其所欲為代理的本人身分，並適用民法第一七〇條第一項，請求本人是否承認該「隱藏的為他人行為」，如果本人不願承認（或是無權代理人根本不願告知本人身分），則無權代理人就必須負起民法第一一〇條的無權代理責任。

第四章
代理的要件⑶
——代理權

　　代理成立的第三個要件，必須是代理人獲得本人授與代理權，如此代理人以本人名義所為的意思表示，始能對本人發生效力，該要件在代理問題法律實務上最具重要性，在法律理論的討論上亦具意義性。

　　代理權賦予代理人法律上的職能，使得代理人可以代理本人為意思表示，並使該意思表示直接對本人發生效力，而不是對代理人發生效力。代理人沒有代理權限所為的意思表示，就不會對本人發生效力，至於代理權的存在時點，不僅必須在代理人為意思表示時存在，而且必須在該代理意思表示（到達）生效時亦存在，因此本人隨時可以在代理意思表示到達相對人生效前，撤回代理人的代理權，使該代理的意思表示不對本人發生效力❶。以下分別就代理權的取得、消滅、代理的類型與利益衝突的禁止逐一說明。

壹、代理權的取得

一、代理權的來源

㈠意定代理

　　代理人的代理權可以是經由法律行為授與而取得，稱之為**意定代理**。本人透過**單獨行為授與代理權**，該授與代理權的單獨行為可以向代理人為之，或是向代理行為的相對人為之（參照民法第一六七條），例如本人可以在尚未正式委任律師前，即向意思表示相對人表示，將委由某律師全權處理法律爭議，此時該律師即刻取得代理權，而不待本人事後正式委任。

㈡法定代理

　　代理權的取得也可以來自於法律規定，稱之為**法定代理**，典型的例子就是根據民法第一〇八六條第一項，父母是未成年子女的法定代理人，再

---

❶　但須注意表見代理責任。

例如根據民法第一〇九四條第一項第一款規定,當父母均不能行使親權時,由同居祖父母成為未成年子女的法定監護人,並進而取得法定代理權（參照民法第一〇九八條第一項）。另一種類型的法定代理,代理人並非直接根據法律規定取得代理權,而是必須先經由公權力的選定,而取得一定的法律地位,再根據該法律地位而取得法定代理權,例如民法第一〇九四條第三項規定,法院為未成年子女選定監護人,再根據民法第一〇九八條第一項該法定監護人取得法定代理權；或是根據民法第一一一一條規定,法院為受監護宣告之人選定監護人,再根據民法第一一一三條準用民法第一〇九八條第一項,該監護人取得法定代理權。

必須特別強調的是,在輔助宣告之情況,雖然法院根據民法第一一一三條之一第一項也會為受輔助宣告之人設置輔助人,但根據同條第二項的準用相關規定,卻並無準用民法第一〇九八條第一項的規定,因此輔助人未如監護人般擁有法定代理權,換言之,**輔助人並不是受輔助宣告之人的法定代理人**,但如此規定是否符合受輔助宣告之人的利益,實不無疑問。而即使根據民法第十五條之二第一項規定,受輔助宣告之人所為的特定法律行為,必須得到輔助人之同意,始生效力,但是法律行為的同意權並不等於代理權,故終究輔助人仍難謂是受輔助宣告之人的法定代理人。

㈢代理權的範圍

至於代理權的範圍,則視代理權取得的原因而定。意定代理權的範圍取決於本人所授權的內容,而本人原則上是可以任意授權給代理人,為本人處理任何特定或概括的事務。而法定代理權的範圍則是取決於法律的規範,例如民法第一〇八六條第一項僅言「父母為其未成年子女的法定代理人」,解釋上就應認為父母對未成年子女的所有人身及財產事務都有代理權,只是民法第一〇八八條第一項也特別強調,父母對於未成年子女的特有財產,非為子女利益不得代理處分。此外對於父母的代理權範圍,民法第一〇八六條第二項也特別規定對可能的利益衝突情況有所限制,此時法

院應依聲請或職權，為未成年子女選任**特別代理人❷**。

二、代理權的本質

　　代理權的問題，最容易被誤解的就是對其本質的認知，因為一般人常常會誤認為代理權是一種「權利」，而即使是立法者也使用「代理權限」一詞（參照民法第一○三條第一項本文）❸。但其實代理不是一種權利❹，因為「代理」對代理人並無帶來任何利益，整個代理行為的效果是歸屬於本人，而不是代理人，因此代理人在為代理行為時，所應注意的是本人的意思及利益，而不是自己的意思及利益，代理人在為意思表示時，不須顧及自己的意思及利益，相反地卻必須注意本人的意思及利益，因此代理制度對代理人而言，就不會是一種權利。德國 Flume 教授❺稱代理是一種「正當化」的制度及過程，透過代理制度的正當化功能，使得本人在今日複雜的分工社會，無須經由親自參與，就可以經由代理人參與社會的多方面交易活動，而無違反私法自治原則之虞；或是使得無行為能力之人或是限制行為能力之人，能透過代理人而根本上得以參與社會交易。

　　換言之，本人無須親自為意思表示，即可以透過代理人所為的意思表示，直接取得權利並負擔義務，因此也有學者稱代理是一種賦予代理人取得為本人為法律行為的「職能」❻，是一種和其他民法上的「授權」制度，

---

❷　作者以為，此時應根據民法第一○九一條所規定之情形──「父母均不能行使權利」，設置監護人即可，民法第一○八六條第二項的特別代理人制度，不無有疊床架屋之虞。

❸　即使本書也不可免地使用了不正確的「代理權」一詞。

❹　此為今日通說：參閱邱聰智，《民法總則（下）》，第 173 頁；施啟揚，《民法總則》，第 283 頁。

❺　德文為 "Legitimation"，參閱 Flume, Allgemeiner Teil des BGB II, §45 II 1.

❻　德文為 "Zuständigkeit"，參閱 Müller-Freienfels, Die Vertretung beim

例如取得可以以自己名義處分他人之物的職能（比較民法第一一八條第一項），或是取得可以以自己名義收取債之給付的職能（比較民法第三一〇條第一款）相類似的制度❼。而也正是因為代理不是一種權利，因此也就不能被讓與、繼承或是扣押，代理制度本身不會賦與代理人權利或義務，代理人所會有的權利及義務，是來自於和本人間的基礎法律關係，例如委任或僱傭，因此可以被讓與、繼承或扣押的是該基礎法律關係所生的權利，代理只會隨同該基礎權利關係的讓與或繼承，而隨之移轉而已。

三、意定代理權的授與

㈠單獨行為

　　根據民法第一〇三條第一項條文文意明示，代理權的授與是一有相對人的**單獨行為**，而不是契約❽。換言之，只要本人以單方意思表示向代理人或為代理行為的相對人為之，代理人即取得代理權。雖然代理權的授與是一單獨行為，但是通說❾以為，代理權的授與仍可以附條件，因為代理人經由代理權的授與，並未遭受到不利益，代理權授與的結果完全歸屬於本人，因此即使代理權的授與被附（停止）條件，致使代理權的存在處於不確定狀態，但只要代理人不加以使用，對代理人也不會有不利益可言；相反地，本人對代理權授與附條件所可能對本人自己帶來的法律關係不確定性，只要本人願意，自無不許之理。而如果代理權授與所附的停止條件在代理行為締結後，仍未成就，則是屬於民法第一一〇條無權代理問題。

　　也因為代理權的授與是一單獨行為，因此不需要得到代理人或意思表

Rechtsgeschäft, S. 34 ff., 83 ff。

❼　參閱 Larenz/Wolf, Allgemeiner Teil des BGB, §46 Rd. 12。

❽　雖然如此，但卻無任何理由可以認為代理不可以由契約授與。

❾　Larenz/Wolf, Allgemeiner Teil des BGB, §47 Rd. 15; Soergel/Leptien, §167 Rdn. 4.

示相對人的同意，即生效力。但即使代理權不是一種權利，也仍不能強迫代理人取得代理的職能，因此如果代理人執意不願取得代理的職能，仍可以表達不願接受的意願，則代理權授與最終仍不生效力。

代理權授與是一意思表示，當然適用民法的意思表示理論，因此本人授與代理權時必須具備行為能力，限制行為能力人在未得法定代理人允許下，所為的代理權授與行為，根據民法第七十八條無效，而非效力未定，除非限制行為能力人授與代理權限給代理人，委請代理人代為純獲法律上利益的行為，例如委請代理人代為接受贈與契約，則該代理權授與即對限制行為能力人（本人）發生效力。相反地，如果代理人是限制行為能力人，則根據通說❿因為代理權取得對代理人而言是一**中性行為**，故應類推適用民法第七十七條但書規定，無須得到其法定代理人之同意，即生效力。

㈡**無要式性**

代理權的授與原則上並**無要式性**，但民事訴訟法第六十九條第一項卻有特別的要式性規定：「訴訟代理人，應於最初為訴訟行為時，提出委任書」。此外，**民法第五三一條但書**也是實務上相當重要的代理權授與的要式性規定，根據該規定，如果本人所委任的事務處理須以法律行為為之，而該法律行為有要式性規定者，則除委任契約本身必須以要式性為之外，代理權的授與亦必須以要式性為之，例如本人委任代理人處理土地買賣事項，因為土地買賣契約根據民法第一六六條之一第一項規定⓫，有公證的要式性要求，因此除委任契約外，本人授與代理人的意思表示，亦必須加公證，代理權的授與始生效力⓬。

但民法第五三一條的增修是否合理，作者持懷疑態度⓭，因為如果立

---

❿　參閱黃立，《民法總則》，第 201 頁。

⓫　民法第一六六條之一仍未正式施行。

⓬　基於同樣的立法理由考量，事後同意代理及代理權的撤回，也都必須具備要式性才是：參閱下述第五章、壹、二、㈣。

法者認為代理權的授與應和基礎法律關係一般，也須有要式性的一致性要求，則應是在民法總則的「代理」規範上，做一般概括性的規定才是，否則吾人可以試想：受僱人執行職務，若該職務事項執行需符合特殊要式性規定，則僱傭契約是否必須也要符合要式性，始生效力？僱傭人授與代理權給受僱人，是否也必須符合要式性？為何委任契約和代理權授與有要式性的一致性需求，而僱傭契約則不需要？

　　此外就立法目的觀察，民法第五三一條但書的增修亦未必合理，例如處理事務本身若是依法有公證要式性要求，例如民法第一六六條之一的不動產買賣契約公證性要求，該事務處理（不動產買賣）的公證性要求，和委任契約或是代理權授與間的公證性要求，就立法目的觀之，其實也並無必然的關連性，因不動產買賣契約公證性要求，立法目的除**謹慎性**、**證明性**外，立法者尚希冀不動產買賣雙方當事人能藉由公證人對買賣契約的權利、義務說明，而獲得適當的法律諮詢（**諮詢性**），但是委任契約或是代理權授與的公證，公證人卻只須對委任契約效果或是代理權授與本身的法律意義及效果，進行法律說明及諮詢即可，而不涉及委任事務處理（不動產買賣契約）的法律效果說明及諮詢，但民法第五三一條但書卻將委任事務處理的要式性、委任契約及代理權授與的要式性，做一致性的立法，就諮詢性立法目的的達成考量，其實不無疑問。

　　總之，事務處理本身和代理權授與的要式性立法目的的考量，迥然不同，而無要式一致性必要，再舉一例加以說明：如果本人委任代理人處理不具要式性的動產買賣，但卻授與一個**不能撤回的代理權**，或是本人授與代理人代理權，同時並同意代理人可以為「**自己代理**」或是「**雙方代理**」（參閱

⓭　例如德國民法第一六七條第二項即明白規定，「代理權的授與無須以基礎法律行為所定的要式性為之」："Die Erklärung bedarf nicht der Form, welche für das Rechtsgeschäft bestimmt ist, auf das sich die Vollmacht bezieht"。

民法第一〇六條），有鑑於該等代理權授與本身效果嚴重性：在不可撤回的代理權授與，本人必須終極接受代理行為的拘束，在同意「自己代理」或是「雙方代理」，本人可能會遭受不利益，因此本人為此種代理權授與時，自有謹慎警告的保護必要，因此應認為此等代理權授與須有要式性，至於處理事務本身是否須有要式性考量，則其實已非所問，由此可知，事務處理本身的要式性考量和代理權授與的要式性考量，迥然不同，不可混為一談。

　　另外，根據民法第七十三條及第一六六條之一第一項規定，不動產買賣契約未經公證無效，但根據民法第一六六條之一第二項規定，如果該無效的不動產買賣契約，當事人已經完成所有權移轉登記，則仍為有效。問題是，如果該不動產買賣契約，是經由欠缺公證要式性的代理權授與而締結者，是否仍有民法第一六六條之一第二項規定的適用，而可以因事後的不動產所有權移轉登記，而成為有權代理？或是該不動產買賣契約效力，仍有待本人的事後承認，始能生效？學說頗有爭議，有認為本人授與代理權的要式性所具有的謹慎、警告功能，不會因代理人事後代理行為的完成，就喪失其意義性❹，因此買賣契約不會因不動產所有權的完成移轉登記，而變為有效。但作者以為，民法第一六六條之一第二項規定的立法理由，乃是在強調土地登記簿的正確性及公信力，大於對不動產法律行為要式性的保護，因此宜認為即使是欠缺公證要式性的代理權授與，但只要代理人已經代理本人完成不動產所有權移轉登記，代理權欠缺要式性部分，亦會因而有效，而不構成無權代理❺。

(三)內部及外部授權

1.內部授權

---

❹　Soergel/Leptien, §167 Rdn. 14.

❺　參閱 Staudinger/Dilcher, §167 Rdn. 24。

所謂內部授權，是指本人以意思表示向代理人表示授與代理權。基於代理權授與的無因性（獨立性），本人內部授與代理權行為，必須和本人與代理人間的基礎法律關係，例如委任或僱傭契約關係，加以清楚區分。

2.外部授權

所謂外部授權，是指本人向代理意思表示的相對人，表示授與代理權給代理人。本人可以只向特定人為外部授權的意思表示，也可以向不特定人為公開的外部授權意思表示，例如在報紙刊登廣告，指明已授權某律師事務所為代理人，此時的代理權授與，如同懸賞廣告般，就不是一個有相對人的意思表示。

㈣代理權授與的無因性

代理不是一種權利，而只是使代理人取得代本人為意思表示的職能或是地位而已，代理人透過代理權的取得，所為的意思表示直接對本人發生效力，是代理權所產生的外部關係，至於代理人和本人之間的關係，例如何以本人需要代理人代為意思表示？或是何以代理人願意為本人代為意思表示？其間的原因、目的及法律關係何在？則是涉及本人和代理人間的內部（基礎）關係，而無法由代理權授與行為本身得知。如此將代理權授與所欲發生的外部關係，和代理人及本人間的內部基礎法律關係，相互區別清楚，學說稱之為「代理權授與的獨立性」，意謂代理權授與的外部關係效果，並不涉及代理人和本人間的內部基礎法律關係，而是獨立判斷，因此如果代理人和本人間的基礎法律關係因故不成立或是無效，並不會影響代理權授與的效力，因此也稱之為「代理權授與的無因性」。此為德國法學家 Laband❶所最先發現及主張，並為今日許多國家所接受，亦被我國民法所接受，最典型的證明即是民法第一六七條明示的外部授權，按該規定即使

---

❶　Laband, ZHR 10 (1866), 183 ff. 至於有因說的理論，請參閱李淑如，《民法總則》，第 351 頁。

本人和代理人間尚不存在任何的內部基礎法律關係（例如委任或是僱傭契約尚未有效成立），但只要本人向外界第三人清楚表示授與代理權給代理人，代理人即取得代理權，充分展現代理權的授與和代理人及本人間的基礎法律關係無涉，而是獨立存在。而由本例也可知，學說之所以採代理權授與的無因性理論，其原因乃在於保護外界對於代理權存在的信賴，因為外界第三人往往只能透過外在表徵，而信賴代理人確實有代理權的存在，例如透過代理權證書而相信代理人確實擁有代理權；相反地，外界第三人卻沒有能力去探究代理人和本人間的內部基礎法律關係，是否有效成立？或是本人究竟在委任或是僱傭契約中，如何地約束代理人從事代理行為的限制？而如果將代理人和本人間的內部基礎法律關係的無效，或是所生的限制，同步加諸於代理權效力限制，勢必有害意思表示相對人對於代理權存在的信賴，而不利於交易安全。

1.獨立於基礎法律關係成立上的無因性

代理權成立上的無因性，在外部授權上自無疑義，已如上述。至於內部授權是否也有無因性理論適用？民法第一六七條也採取了非常清楚的肯定態度，因為條文清楚宣示：本人只要在獨立於基礎法律關係（往往是委任或是僱傭契約）以外，有以單獨行為向代理人表示授與代理權，就完成內部授權，代理人即取得代理權。根據民法第一六七條文義，如果代理人和本人間的基礎法律關係，因故不成立或是無效（例如基礎法律關係因欠缺行為能力而無效，或是因錯誤、詐欺或脅迫之情形而被撤銷），並不必然就會導致代理權授與的不成立或是無效，代理權授與的效力必須單獨就授與行為本身獨立判斷，而無涉於基礎法律關係的成立或是生效與否❼。

總之，代理的內部授權也有無因性理論適用，其目的不僅是在保護意

---

❼ 在「代理權授與的無因性」理論下，民法第一一一條的「一部無效，全部無效」當然也就無適用餘地，參閱 MünchKomm/Schramm, §164 Rdn. 66。

思表示相對人，也是在保護代理人，使代理人不會因為和本人間的基礎法律關係有瑕疵，而影響到其對外的代理權存在，並進而必須對第三人負起無權代理責任，而遭受不利益。例如未成年人 A 在未得法定代理人的同意下，受僱於便利商店 B 為店員，固然 A、B 間的僱傭契約效力未定，但在「代理權授與無因性理論」下，便利商店 B 授與代理權給 A 的行為卻是有效（類推適用民法第七十七條但書），因此凡是到便利商店購物的第三人，都可以獲得交易安全的信賴保護。但如果採「代理權授與有因性理論」，則因便利商店 B 和 A 間的僱傭契約未能生效，因此 B 授與 A 代理權的行為，亦未能生效，如此不免會危害交易安全，因為今後凡是到便利商店購物的第三人，都將無法確認店員是否取得有效的代理權授與，而必須探詢便利商店和店員間的內部僱傭契約關係，是否有效成立，甚至必須查詢店員的年紀，也必須探詢未成年的店員有無獲得法定代理人允許而工作，非但不切實際，亦會危害交易秩序。

但民法對代理權授與的無因性，也僅限於代理授與的一開始「**成立階段**」而已，而不及於代理權的「**存續階段**」，因為民法第一〇八條第一項明確規定：「代理權之消滅，依其所由授與之法律關係定之」，按該規定，如果本人和代理人間的基礎法律關係因終止而消滅，則代理權也就會隨之消滅。民法第一〇八條第一項在展現代理權本身只是一種手段，而不是目的，本人和代理人間的基礎法律關係才是目的，代理權和基礎法律關係實則是一手段及目的相關聯的關係，代理權授與的目的終究就是為實現本人和代理人間的內部基礎法律關係而授與，例如本人委任代理人代為處理本人財產事務，為求代理人能妥善完成委任事務，因此本人再授與代理權給代理人，使委任財產管理目的具有手段性，如果代理權授與的目的性，因內部委任基礎法律關係的終止而不再存在，當然代理權授與的手段，也就不再有存在的必要。

2.獨立於代 理人違反基礎法律關係義務的無因性

代理人根據基礎法律關係，在代理本人為法律行為時，須對本人的財產利益善盡保護注意義務，若有違失必須根據民法第二二七條第一項及第二項，負起損害賠償責任，但代理人因而所為的代理行為，卻仍然對本人發生效力，**展現代理權效力乃是獨立於代理人違反基礎法律關係內部保護注意義務的無因性**。換言之，代理人的代理權限，不會因為代理人違反對本人的財產保護注意義務而受到限制或是無效⓲，例如 A 委託 B 代為尋覓買主出售不動產，並授與代理權。雖然 B 找到兩位買主，一位買主出價二千萬元，另一位買主出價一千八百萬元，但 B 卻因私人理由，而將土地出售給出價較低的一方，顯然 B 的代理行為對 A 造成損害，故必須負起不完全給付的損害賠償責任，但其代理 A 所訂立的買賣契約，基於代理權授與的無因性，卻仍是有權代理而對 A 直接發生效力。

反對說⓳認為，既然代理人已經違反其對本人財產利益的保護注意義務，因此代理權限就應受到限制，代理人所為的意思表示就不應對本人發生效力，代理人違反保護注意義務的代理行為，應屬無權代理，而由意思表示相對人對代理人主張無權代理的損害賠償責任（參照民法第一一〇條），並向本人主張締約上過失責任（參照民法第二四五條之一及第二二四條），而主要的理由在於維持代理權權限的一致性，使得代理權的行使和代理人義務的遵守，具有一致性及合法性。但如此意見卻被通說⓴所否認，因為將代理權權限和代理人的保護注意義務一致化，固然可以顧全本人利

⓲ 代理權獨立於代理人違反義務行為的無因性，也適用於法定代理情況，例如父母以子女名義訂立不利於子女利益或是風險極大的買賣契約，雖然父母違反對子女利益注意的內部債之義務，而須對子女負起損害賠償責任，但該買賣契約仍是有權代理而有效。

⓳ Frotz, Verkehrsschutz im Vertretungsrecht, S. 602, 611.

⓴ MünchKomm/Schramm, §164 Rdn. 97.

益，但卻也會危害外界第三人對代理權的信賴保護，因為將會不當加諸第三人負有探詢義務，而會破壞代理權授與無因性理論的自始目的性考量。

　　必須強調的是，本人當然可以對代理權權限下達限制，而將代理權權限和代理人的保護注意義務一致化，使得代理權的外部關係和內部關係趨於一致，例如本人可以明確告知代理人，唯有對最高出價，代理人始能代為訂立買賣契約，則在上述的例子中，代理人將不動產出售給一千八百萬元的出價者，即屬無權代理而不對本人發生效力，或是再例如本人委託代理人代為洽購不動產，代理人亦是基於私人原因，在相同的價金下，捨棄某一交通方便的不動產，卻洽購另一位於郊外的不動產，而有違對本人財產利益的保護注意義務，為避免如此不利益的情況發生，本人亦可以明確指示代理人，限定代理人代為購買某一特定區域的不動產（參照民法第一〇五條但書的特定代理），透過如此的明確指示，代理權始能和代理人的注意義務相連結，而具有一致性，代理人違反如此的界限所為的意思表示，即是無權代理，而對本人不發生效力。

3.代理權的濫用

⑴定　義

　　因為代理權授與的外部效力，和代理人及本人間的內部關係效力，相互分離，獨立判斷，因此就會發生**代理權濫用**情況。所謂代理權濫用是指，代理人違反和本人間的內部基礎法律關係所生的保護注意義務，而和第三人為代理行為，以致造成本人的損害。代理權濫用理論發展至今，德國聯邦最高法院甚而認為，代理權濫用不僅存在於代理人違反內部注意義務之情況，舉凡代理人所為的行為雖然未必不利於本人，但是該代理行為卻是明顯不是本人所願意訂立者，或是如果本人得知該代理行為，就不會同意訂約時，代理人所為的代理行為就是代理權濫用。但不論代理權濫用的概念及適用範圍如何改變，基於代理權授與的無因性理論，代理人所為的代理權濫用行為，自仍是有效，以保護意思表示相對人及交易安全，至於代

理人是否有意識到自己所為的代理行為，是代理權的濫用，則在所不問，因為對第三人的交易安全保護，不應取決於代理人的主觀意思要素。

⑵法律效果

在代理權濫用的案例上，如果第三人明知代理人的違反義務行為，但卻仍可以基於代理權授與的無因性理論，主張代理行為有效，則該結果是否妥當，就不無疑問，因為此時惡意的第三人實無受保護之必要，不能利用代理權授與的無因性理論，進而主張代理行為有效，否則就有**權利濫用**之虞❷❶。故第三人明知代理人濫用代理權，代理人所為的代理行為不會因而生效，而是應類推適用無權代理規定，有待本人決定是否加以承認❷❷。此外，有學說認為唯有惡意明知代理行為違約性的第三人，才有代理權濫用理論的適用。但德國聯邦最高法院❷❸認為如果第三人因過失而不知代理人所為的代理行為違反內部注意義務，則該第三人就不值得保護。上述兩種見解，各有優缺點，如果過度嚴格要求第三人必須明知代理行為的違約性，將不利於本人利益，因為本人往往難以證明第三人的明知，但如果僅以第三人的過失不知就排除代理效力，則將不利交易安全，因此今日通說❷❹以為，一旦代理人違反契約義務所為的代理行為，對任何人而言是顯而易見時，換言之，任何人無須再深入探查本人和代理人間的內部關係，單憑代理行為本身就可以知道該代理行為違反契約義務時，不論第三人有無辨認出代理行為的義務違反不法性，第三人都無保護的必要，而不能主張代

---

❷❶ BGHZ 113, 320; Palandt/Heinrichs, §164 Rdn. 13. 必須再次強調的是，至於代理人是否有意識到，代理行為已經是一違約行為，則在所不問。換言之，只要第三人明知代理人逾越內部關係，則第三人就無受保護必要。

❷❷ Flume, Allgemeiner Teil des BGB II, §45 II 3; Soergel/Leptien, §177 Rdn. 15.

❷❸ BGHZ 50, 112, 114.

❷❹ BGH NJW 1999, 2883; Medicus, Allgemeiner Teil des BGB, Rdn. 967; Köhler, Allgemeiner Teil des BGB, §11 Rdn. 49.

理行為的有效❷。

⑶惡意共謀詐害

　　另一種代理權濫用的類型，存在於所謂的「**惡意共謀詐害**」：代理人和第三人有意識的故意利用代理權授與的無因性，訂立法律行為用以詐害本人，造成本人的不利益，例如雙方律師基於故意詐害一方當事人利益的合謀，而為和解契約，或是市府代表和建商共謀以低價出售市有土地，犧牲市府利益，圖利建商。在「惡意共謀詐害」的情況，當然代理人及第三人並無受保護的必要，因此有認為「惡意共謀詐害」的代理行為因違反民法第七十二條的公序良俗而無效❷。但也有學說❷認為不宜將「惡意共謀詐害」的案例，歸納為公序良俗的價值判斷問題，而使「惡意共謀詐害」的法律效果一概歸於無效，該說認為應將「惡意共謀詐害」案例回歸於一般代理理論，而宜認為「惡意共謀詐害」的法律效果是屬於無權代理，使之效力未定，並聽任本人進一步考慮是否加以承認。對此爭議，基於對本人利益的保護，作者也較傾向適用「無權代理理論」，但不論如何，無爭議的是在「惡意共謀詐害」的案例，代理人和惡意第三人都必須對本人負起民法第一八四條第一項後段及第二項的損害賠償責任，此外代理人尚必須根據民法第二二七條負起不完全給付責任。

㈤代理權授與的瑕疵

　　代理權的授與是一意思表示，因此也會有意思表示瑕疵的情況發生。

---

❷　也有學說認為，所謂「單憑代理行為本身就可以知道該代理行為違反契約義務時，不論第三人有無辦認出代理行為的義務違反不法性，第三人就無保護的必要」，根本上是一種對第三人加諸以負起重大過失的注意義務標準，參閱 Prölss, JuS 1985, 577, 579。

❷　BGH NJW 1989, 26; Erman/Palm, §167 Rdn. 47; Rüters/Stadler, Allgemeiner Teil des BGB, §30 Rdn. 65.

❷　Larenz/Wolf, Allgemeiner Teil des BGB, §46 Rd. 143.

例如代理權授與發生錯誤，只要代理人尚未使用代理權，本人只須撤回代理權即可（民法第一○七條），而且不論是內部授權或是外部授權，本人可以任意選擇向代理人為撤回的意思表示（內部撤回），或是向第三人為撤回的意思表示（外部撤回）❷。即使本人所授與的是一個不能撤回的代理權，只要該代理權授與的意思表示有錯誤的情況發生，則不排除本人仍可以主張民法第八十八條第一項及第二項的意思表示錯誤，撤銷代理權授與，只是必須注意的是，在內部授與代理權，撤銷意思表示的相對人是代理人，而在外部授權，本人應是向外界第三人為撤銷代理權授與的意思表示（參照民法第一一六條第二項）。

對於代理權的撤銷，最有爭議的就屬當代理人已經使用代理權之情況。有學說❷認為此時不能同意本人撤銷代理權授與，因為一旦本人撤銷代理權，因而使代理權授與溯及既往無效（參照民法第一一四條第一項），則代理人所為的代理行為將成為無權代理，終究本人無須負起有效的法律行為責任，對於法律行為的相對人而言，殊為不利益。但通說❸卻以為，本人當然可以適用民法相關的錯誤撤銷規定，只是本人必須對因善意信賴代理權授與有效的相對人（本例指代理人），或第三人（本例指代理行為的相對人）❸所遭受的損害，根據民法第九十一條規定對之負起信賴利益損害賠

---

❷ Larenz/Wolf, Allgemeiner Teil des BGB, §47 Rd. 33; MünchKomm/Schramm, §164 Rdn. 97.

❷ Brox, Allgemeiner Teil des BGB, Rdn. 528.

❸ Larenz/Wolf, Allgemeiner Teil des BGB, §47 Rd. 37.

❸ 民法第九十一條規定，表意人撤銷錯誤的意思表示後，除必須對意思表示的相對人負起損害賠償外，亦必須對第三人為損害賠償責任，對於本例代理權授與的撤銷，尚無不合理的結果，因為撤銷代理權授與的意思表示，除代理權授與的意思表示相對人（即代理人）會受到損害外，代理行為的相對人也會受到直接損害，故本人在撤銷代理權授與的意思表示後，也必須對代理行為的相對人

償責任。因此一旦本人撤銷代理權授與，代理行為的相對人可以向本人主張民法第九十一條的信賴利益賠償，或是向代理人主張民法第一一〇條的無權代理責任，而代理人因而所遭受的損害，可以再根據民法第九十一條向本人求償。

　　代理權授與的意思表示，也可能發生受詐欺或受脅迫之情形，則本人當然也可以根據民法第九十二條撤銷。只是必須注意的是，如果詐欺是由代理人或是意思表示相對人以外的第三人所為（第三人詐欺），則民法第九十二條但書特別規定，必須以代理權授與的相對人明知或可得而知詐欺事實者為限，本人始能撤銷代理權授與。在內部授權，指必須代理人明知或可得而知詐欺事實，在外部授權，則是指法律行為的相對人明知或可得而知詐欺事實。但在內部授權之情況，如果代理人不知詐欺事實，但法律行為的相對人卻明知詐欺事實，則依學說❸❷見解，此時代理人不能主張本人不能撤銷，因為代理人不會因為代理權授與被撤銷，而遭受到必須對惡意的法律行為相對人，負起無權代理損害賠償責任的不利益（參照民法第一一〇條但書），因此也就無須受到民法第九十二條但書的保護，故基於目的性限縮，應該肯定本例本人可以撤銷受詐欺的代理權授與意思表示。

　　負起信賴利益的損害賠償責任，自是有理。但如果就其他一般的案例來看，民法第九十一條的規定，就不無疑問，例如 A 出賣汽車給 B，尚未交付前，B 又出賣給 C。其後 A 因意思表示錯誤而撤銷買賣意思表示，根據民法第九十一條，A 除須對 B 負起信賴利益損害賠償責任之外，亦必須對 C 負信賴利益的損害賠償責任，結果表意人 A 必須對並無任何特殊法律關係連結的第三人，負起信賴意思表示有效的損害賠償責任，結果將無止境的擴大表意人 A 的責任，立法是否妥當？不無疑問。

❸❷　MünchKomm/Thiele, §167 Rdn. 87.

貳、代理的類型

一、個別代理及共同代理

如果本人只授與代理權給單一代理人，稱之為「個別代理」，而如果本人授權給多數代理人，代為處理同一事務，則就會產生以下問題：究竟當中的個別代理人，可否單獨代理本人處理事務（個別代理）？抑或該數個代理人必須同時處理事務，同時代理，始對本人發生代理效果？對此，立法者傾向後者，學說稱之為「共同代理」，因為立法者希望透過共同代理，以保護本人利益，使其不因單一代理人的輕率決定，或是違反注意義務的代理行為而受損害❸。

㈠共同代理的類型

經典的共同代理，例如父母對未成年子女共同監護所生的共同代理權限（參照民法第一〇八六條第一項），此外在選定監護人的情況，法院也可以選定數個監護人，而形成共同代理（參照民法第一〇九七條第二項）❸。而在意定代理的情況，立法者也是傾向以共同代理為原則，參照民法第一六八條規定：「代理人有數人者，其代理行為應共同為之」，此外在合夥組織中，民法第六七一條第一項規定：「合夥之事務，除契約另有訂定或另有決議外，由合夥人全體共同執行之」，民法第六七九條規定：「合夥人依約

---

❸　但民法第一〇八九條第一項對於父母的共同代理原則，卻有特別的例外考量，而規定當一方父母不能行使權利時，得由另一方父母單獨行使代理權。只是基於不同的血緣親疏及規範理念考量，民法第一〇八九條第一項並不能被準用於（成年人）共同監護情況：參閱最高法院一〇三年臺抗字第六二二號裁定。

❸　父母間或是數個監護人間，對於共同代理事項無法取得一致意見時，則根據民法第一〇八九條第二項及第一〇九七條第二項規定，法院應依聲請按子女利益，酌定由其中一人行使。

定或決議執行合夥事務者，於執行合夥事務之範圍內，對於第三人，為他合夥人之代表（按：代理）❸，可見民法立法者對於合夥事務之執行，也是傾向以共同代理為原則❸。此外，在輔助宣告的情況，民法第一一三條之一第二項並無準用民法第一○九七條第二項之明示，似乎並不允許法院可以選定多數輔助人，是否符合受輔助宣告人利益，大有疑問，即使肯定法院可以選定多數輔助人，但因輔助人並不是受輔助宣告之人的法定代理人，所以仍非是此處所謂的「共同代理」。

㈡共同代理的行使原則

雖稱是共同代理，但共同代理人在代理本人為代理行為時，卻不需要全體代理人同時一起為本人為代理行為，只要全體共同代理人曾向意思表示相對人，分別為相同內容的意思表示即可，甚至不排除一個代理人為意思表示，而另一代理人事後向意思表示的相對人為同意，亦是有效的共同代理，甚至根據通說❸，另一代理人只要內部向為意思表示的代理人表示同意，亦可以成立有效的共同代理，這是因為共同代理制度是為保護本人利益，不使本人因單一代理人的不成熟代理行為而遭受損害，但如此的立法目的當然絕不意謂，在共同代理制度之下，一定必須要由全體代理人親自一起共同為代理行為，換言之，只要該代理行為是受到全體代理人所認可，即能實現對本人利益的保護。

總之，在共同代理下，如果有個別代理人單獨為意思表示，則該意思

---

❸ 參閱最高法院十八年上字第一二五三號判例：「執行業務之合夥人，對於第三人應有代理他合夥人之權，苟其所為之行為係屬業務範圍內者，雖於他合夥人有損，在法律上仍然有效，而其權利義務可直接及於他合夥人」。

❸ 至於法人的董事代表權限，民法第二十七條第二項卻是以單獨代表為原則：「董事就法人一切事務，對外代表法人，董事有數人者，除章程另有規定外，各董事均得代表法人」。

❸ RGZ 81, 325, 329; BGH WM 1976, 1053.

表示雖處於無權代理狀態（參照民法第一七〇條第一項），但若其他代理人也認可該意思表示內容，即使其他代理人僅是對該意思表示事後加以承認，亦可對本人發生效力。

　　相反地，少數說認為在共同代理之下，意思表示一定要由全體代理人共同為之（所謂「意思表示單一性理論」），甚至在貫徹「意思表示單一性理論」下，如果事後有其他代理人認同個別代理人所為的意思表示內容，則亦必須由全體代理人（包括之前單獨為意思表示的代理人），再一次為共同意思表示，該意思表示始能對本人發生效力。只是通說放棄「意思表示單一性理論」，而認為如果其他代理人也認可意思表示內容，則僅須對該意思表示加以承認即可，在此期間，為意思表示的代理人不能任意撤回意思表示，或是當其他代理人在為承認時，該為意思表示的代理人也不能主張，自己已無意發生該意思表示內容，否則即有違誠信原則 ❸，除非為意思表示的代理人在為意思表示時，曾清楚向相對人表示保留撤回的權利，否則該意思表示對其具有拘束力。

㈢授權單獨代理

　　但必須強調的是，在共同代理下，個別代理人 A 也只能對個別代理人 B 所為的特定意思表示，事先允許或是事後承認而已，個別代理人 A 不能將所有的代理權限，交給個別代理人 B 概括代為行使，否則就有違共同代理制度的保護本人利益的目的 ❸。換言之，在共同代理下，不排除個別代理人 A 可以就特定個別事項，交給其他個別代理人 B 單獨處理，而 A 可以採取的方式，有以下幾種：①個別代理人 A 可以事前「授權」代理人 B，同意 B 可以單獨為代理行為，例如 A 向 B 表示，「同意 B 一人單獨代理本人為代理行為」，②個別代理人 A 也可以再授與代理權給個別代理人

---

❸　參閱 Heymann/Emmerich, HGB §125 Rdn. 33。

❸　參閱 BGH NJW-RR, 1986, 778。

B，由 B 單獨處理事務（多層級的複代理）❹。就①的「授權」而言，個別代理人 B 只須以自己一人為代理人，即可以為意思表示，而符合共同代理，並進而對本人發生效力；但如果是②代理人 A 授與代理人 B 代理權，則該被授與代理權的個別代理人 B 在為意思表示時，除必須以本人名義為意思表示外，尚必須表明另一代理人 A 的名義，相較①的「授權」制度，明顯比較複雜，而不實用。因此在共同代理之情況，「授權」是較被考量的情況，當然代理人在對另一代理人為授權行為時，也必須注意授權行為的相關要式性問題。

㈣共同代理人的侵權行為

共同代理是指法律行為必須要由全體代理人共同為之，始對本人發生效力。但就具事實行為性質的侵權行為責任而言，自就無共同代理理論的適用，本人仍必須對個別代理人的個別侵權行為，負起民法第一八八條第一項的指示監督不周責任。而如果個別代理人所為的代理行為，存在有無效或是得撤銷之原因，則整個代理行為的法律效果也就是無效或是得撤銷；同樣地，本人也必須根據民法第一〇五條，接受個別代理人對於事情的明知或是可得而知的結果。

㈤共同消極代理

比較特別的是，在共同代理下，共同代理人必須共同為意思表示（所謂「積極代理」），自無疑義，但是否也必須共同接受意思表示（所謂「消極代理」），就不無疑問，特別是在「法定共同代理」的情況下，若意思表示也必須向共同代理人共同為之，始能生效，就實務操作上，自有其困難度，吾人可以想像，例如父母因為工作關係，而分居兩地，在共同代理原則下，如果戶政機關必須將未成年子女的入學通知，向父母二人為寄出，並在到達父母二人後，始生效力，勢必增加許多不便，因此行政程序法第

---

❹ 請參閱第四章、貳、二。

六十九條第一項即規定:「對於無行政程序之行為能力人為送達者,應向其法定代理人為之。對於機關、法人或非法人之團體為送達者,應向其代表人或管理人為之。法定代理人、代表人或管理人有二人以上者,送達得僅向其中之一人為之」。準此,作者以為,即使是在「法定共同代理」本人為私法的意思表示情況,也應承認存在有相同行政程序法的法律原則才是:即**表意人只須向單一法定個別代理人為意思表示,意思表示即對本人發生效力**[41],例如限制行為能力人在未得父母的同意下,擅自為法律行為,該法律行為的相對人只須向父母親中的一人為「承認催告」,即可發生民法第一七〇條第二項的效果。

二、本代理及複代理

代理人除可以自己為意思表示外(稱之為「**本代理**」),只要代理權限許可,也可以代理本人授與第三人代理權,使第三人能夠代理本人為意思表示,學說稱之為「**複代理**」。而如果代理人以自己名義委任第三人並授與代理權,使第三人「代理」「主代理人」為意思表示(所謂「**代理人的代理人**」)[42],則稱之為「**多層級的複代理**」。

㈠複代理權限的取得

至於本人授與代理人的代理權限,有無包括複代理的可能,則必須透過意思表示的解釋,始能得知。一般而言,委任律師以訴訟代理,應當也包括同意複代理,因為委任人應當可以輕易想像,以律師所接訴訟案件之多,當會有開庭時間互相衝突情況(衝庭),因此除非訴訟委任人有特殊的個人事由或利益,而有必要委請律師親自處理訴訟者,例如具有特殊隱私性的訴訟,否則一般解釋上都應認為許可複代理才是。此外,在父母對未

---

[41] 參閱德國最高聯邦法院判決: BGHZ 62, 166, 173。

[42] 參閱 Rüters/Stadler, Allgemeiner Teil des BGB, §30 Rdn. 26。

成年子女的法定代理權限內，一般而言，也會授與複代理給褓母或是老師，因為未成年子女通常會受到褓母及學校老師的長時間監護，自更有複代理的需求，以符合未成年子女的本人利益。

㈡複代理人的無權代理責任

1.一般複代理

在一般複代理，主代理人是以本人名義授與代理權給複代理人，因此複代理人的代理權限存在的權源，一是來自於主代理人的授與，二是來自於本人所授與主代理人的代理權限，所以只要有任何一個代理權授與發生瑕疵，都會影響複代理人的複代理權限的取得，例如主代理人根本未被授權可以再複代理，則複代理授與行為即為無效，因此複代理人所為的代理行為，就構成無權代理。但是否主代理事後不存在，就一定會使複代理一併不存在，因此兩者具有消滅上的從屬性？則有待透過複代理授與內容的解釋，例如主代理附有期限，期限屆至，主代理權限即告結束，但不意謂複代理也一定有期限限制，換言之，複代理不一定會隨主代理因期限屆至消滅而消滅，只是本人仍可以隨時撤回複代理權限（參照民法第一○八條第二項）。

2.多層級複代理

複代理人是代理本人為意思表示，由本人直接承受代理行為的效果，即使是多層級的複代理人所為的意思表示，仍是直接由本人承受代理行為的法律效果，因為在整個代理事件中，唯有本人必須承受代理行為的效果，代理行為對代理人（不論主代理人抑或複代理人）都不會發生效力。例如某訴訟當事人 A 委請律師 B 為訴訟代理人，並授以代理權為和解，而基於和解事項的專業性，在得到 A 同意下，律師 B 又委請另一專業律師 C 代為處理，並以主代理人 B 的名義授以複代理權給 C（多層級複代理）。律師 C 自是以本人 A 的名義，代為締結和解契約，因此和解效力直接歸屬於本人 A，至於多層級的複代理人 C 是否必須向意思表示相對人表明自己是

複代理人，自己的代理權限乃是來自於主代理人賦與，則已非所問，即使多層級的複代理人並未明示自己的複代理地位，亦不影響複代理人所為的意思表示，直接對本人發生效力。

但是德國聯邦最高法院卻採取不同的見解，其認為多層級的複代理人是主代理人的代理人，因此「複代理人所為的意思表示效力，首先對主代理人發生效力，接著在法律瞬間及於本人」❹，依德國聯邦最高法院意見，多層級複代理人所為的意思表示，是透過中間主代理人，再經由法律瞬間間接對本人發生效力。而德國聯邦最高法院的見解在當本人和主代理人間的代理權授與出現問題時，就頗具意義性，因為如果照其意見推演：則主代理人無權授與一般複代理人代理權，則一般複代理人就未取得有效的代理權，因此就要對意思表示相對人，負起無權代理責任；但如果主代理人是以自己名義授與多層級複代理權限，則因為主代理人本就是有權授與多層級複代理人代理權，因此多層級複代理人以主代理人名義所為的意思表示，首先對主代理人發生效力，即使主代理人和本人間的代理權授與無效，多層級複代理人亦無須負起無權代理責任，因多層級複代理人只對其和主代理人間的無權代理關係負責。

但上述德國聯邦最高法院的見解卻被德國多數學說❹所反對，因為德國聯邦最高法院意見明顯忽略在整個代理事件中，唯有本人必須承受代理行為的效果，代理行為對代理人（不論主代理人抑或複代理人）都不會發生效力，即使是多層級複代理人所為的意思表示，仍是直接對本人發生效力，而不是中間先透過主代理人，再間接對本人發生效力，因為即使是在

---

❹　BGHZ 32, 250, 254. 判決原文為："Wirkungen der rechtsgeschäftlichen Erklärungen des Untervollbemächtigten...gemäss den beiden Vollmachtsverhältnissen gleichsam durch den Hauptbevollmächtigten hindurch und trafen sodann den Geschäftsherrn"。

❹　此為德國學說通說：參閱 Medicus, Allgemeiner Teil des BGB, Rdn. 950; Palandt/Heinrichs, §167 Rdn. 12。

多層級複代理，主代理人也從來沒有意思要承受複代理人所為意思表示的效果。

　　學說通說❹認為，多層級複代理人的無權代理責任，應視多層級複代理人有無明示其多層級複代理地位而定，如果多層級複代理人在為意思表示時，確實明示其多層級複代理地位，例如曾向相對人表明自己是：「代理主代理人以本人名義為意思表示」，則無須對主代理權限瑕疵負起無權代理責任，而是由主代理人一人必須負起無權代理責任。但如果多層級複代理人在為意思表示時，未能明確表達其多層級複代理地位，而是直接以本人名義為意思表示，則意思表示相對人的善意信賴有效代理權限，就必須受到保護，此時多層級複代理人就必須負起無權代理責任；相反地，主代理人卻無須負起無權代理責任。

　　對此，作者則持懷疑態度❹，因為即使當多層級的複代理人曾表明自己的多層級複代理地位，但意思表示的相對人仍可以信賴，多層級複代理人確實有把握自己可以代理主代理人，以本人名義為意思表示，而且該意思表示會因而對本人發生效力；若說曾表明自己的多層級複代理地位，多層級複代理人因此就只能擔保主代理人有效授與複代理權而已，而無把握是否本人有效授與代理權給主代理人，因此也就無須對本人和主代理人間的無效代理權授與負起責任，實不符合實情，也不符合交易安全的保護。因此，如果以保護意思表示相對人善意信賴代理權存在的觀點觀之，民法第一一〇條所規範的無權代理責任，只須代理人——自然也包括曾經表明自己的多層級複代理地位的複代理人——所為的意思表示終究無法對本人發生效力，代理人即須負起無權代理責任。作者以為，如果多層級複代理

---

❹　Flume, Allgemeiner Teil des BGB II, §49 5; Rüters/Stadler, Allgemeiner Teil des BGB, §30 Rdn. 26.

❹　參閱 Ermann/Brox, §167 Rdn. 44; MünchKomm/Schramm, §167 Rdn. 76。

人所為的意思表示，不論是否曾表明自己的多層級複代理地位，因為本人和主代理人間的代理權授與瑕疵，而對本人不生效力，則除主代理人外，多層級複代理人也應負起無權代理責任才是，而和主代理人構成連帶債務。當然多層級複代理人在向意思表示相對人為損害賠償後，可以根據民法第一一〇條向主代理人主張該損害賠償的償還，而由主代理人負起全部的賠償責任。

　　總之，對於多層級複代理的法律理論討論，其實益在於當本人授與主代理的代理權有瑕疵時，或是當主代理人授與複代理人的代理權有瑕疵時，所產生的無權代理責任問題，理論觀點的差異及實際問題的解決差異，已如上述。但不論對多層級複代理採何種理論態度，無爭議的卻是，如果兩個代理權授與全部無效，即使採德國聯邦最高法院意見，認為多層級的複代理人是主代理人的代理人，而不是本人的代理人，則複代理人仍必須對相對人負起無權代理責任（參照民法第一一〇條），只是本人仍可以對代理行為為承認（參照民法第一七〇條第一項）❹❼。

三、特別代理、概括代理及種類代理

㈠特別代理與概括代理

　　根據代理人的代理權限範圍，可以區分成**特別代理**及**概括代理**，前者是本人只授與代理人針對特定事項，例如授與代理人代為處理本人的某特定不動產買賣，或是法院根據民法第一〇八九條第二項所選任的特別代理人，也僅能代理未成年子女處理被法院所賦予的特定事項；後者則是廣泛地授與代理人代理權限，處理本人全部的事項，或是也可能授與代理人可以處理本人其他全部的事項，但卻排除一些特定事項，例如本人授與代理人代為處理全部財產事項，但排除代理人可以處理價值超過一億元以上的

---

❹❼　參閱 MünchKomm/Schramm, §167 Rdn. 75。

不動產買賣事項，也屬於概括代理，此外父母根據民法第一○八六條第一項的法定代理權，也是一種概括代理。

(二)種類代理

　　介於特定代理和概括代理之間，學說❹認為也存在所謂「種類代理」，即本人僅授與代理人對某同種類事項取得代理權，例如本人授與代理人可以處理自己所有的不動產買賣事項，但也僅限於不動產。雖然本人已授與概括代理，但是對於一些特殊事務，本人卻仍必須再為特別代理，始屬有效的代理，例如民法第五三四條列舉不能概括委任，而僅能特別委任的事項，計有：一、不動產之出賣或設定負擔，二、不動產之租賃其期限逾二年者，三、贈與，四、和解，五、起訴，六、提付仲裁，對於該等事項的特別委任規定，作者以為也應類推適用於代理權授與才是。此外，雖是概括代理，但仍應注意相關的要式性規定，例如本人授與代理人概括代理權限，可以處理本人所有財產事務，但一旦代理人欲處理本人的不動產買賣事項，則作者以為亦必須根據民法第五三一條後段及民法第一六六條之一第一項規定，須有代理權授與的公證要式性，因為授權代理不動產買賣的公證要式性所考量的謹慎及證明要求，不應透過概括代理型態規避。

四、可撤回及不可撤回的代理

　　本人以意思表示授與代理人代理權，只要代理人尚未為代理行為前，本人可以隨時撤回代理權（參照民法第一○八條第二項本文），但不排除本人在授與代理權時，明言不可撤回，則本人即不能任意撤回代理權。而即使本人在授與代理權時並未明言代理權不可撤回，但根據民法第一○八條第二項但書所明示，如果按代理權所由的基礎法關係之性質，推知代理權撤回受有限制者，則本人亦不可任意撤回代理權，例如民法第五四九條第

---

❹　參閱 Larenz/Wolf, Allgemeiner Teil des BGB, §47 Rdn. 50。

二項本文規定:「當事人之一方,於不利於他方之時期終止契約者,應負損害賠償責任」,因此本人也不可以在不利於代理人之時期,任意撤回代理權,否則也必須負起損害賠償責任。必須強調的是,參照民法第五四九條第二項但書之規定:「但因非可歸責於該當事人之事由,致不得不終止契約者」,即使終止委任契約時期不利於委任人,受任人仍可以終止契約,因此即使本人所授與者是不可撤回的代理權,但如果在有不可歸責於本人之情形,致不得不撤回代理權者,本人仍可以撤回代理權,以符合誠信原則。

要問的是,何以本人會授與一個**不可撤回的代理權**給代理人? 這是因為往往一個不可撤回代理權的授與,是基於代理人利益之故,例如不動產出賣人委任房仲業,代為找尋買家出售不動產,而房仲業者往往會在定型化契約中,約定委託人必須在一定期限內,授與一個不可撤回的代理權❹,以利房仲業者在此期間,可以無後顧之憂努力尋求買家,賺取居間報酬❺。而一旦房仲業者為委託人尋得買家,並完成簽約,則即使代理權期限尚未屆至,但因為代理權授與的目的已達,因此此時委託人即可以撤回房仲代理權。而如果房仲業者在履行居間義務時,有重大疏失情況(參照民法第四八九條第一項),即使委託人所授與的不可撤回代理權,期限仍未屆至,但委託人仍可以隨時撤回代理權,特別是房仲業者違反義務,致使委託人對其喪失信賴時,例如房仲業者為特定買受人利益,而拒絕另一出價較高的要約時,委託人當然可以隨時撤回代理權。

---

❹ 不排除一個不可撤回代理權授與的定型化契約條款,會因違反誠實信用原則而無效,例如不可撤回的期限拘束過久。再例如以定型化契約條款對「共同代理人」授與不可撤回的代理權,則有鑑於共同代理的代理效果實現要件,往往對於本人過於嚴苛,因此宜認為如此的定型化契約條款無效,以方便本人可以隨時決定改採個別代理方式。

❺ 房仲實務上,業者除會要求委託人授與不可撤回的代理權外,尚會要求委託人授與的代理權是「專屬授權」。

五、死後代理

　　根據民法第一〇八條第一項規定，代理權原則上會隨基礎法律關係消滅而消滅，但如果基礎法律關係並未因特定事由而消滅，而繼續存在，則代理權也會不消滅而繼續存在,因此如果本人和代理人間的基礎法律關係，不因本人死亡而消滅（參照民法第五五〇條規定），而是由本人的繼承人繼承該基礎法律關係，則代理權也就不會隨本人死亡而消滅，故而繼續存在，因此代理人仍可以以被繼承人名義，繼續為代理行為，學說稱之為「死後代理」**❺❶**，當然不排除繼承人也可以隨時撤回代理權。此外，「死後代理」也可以是本人在生前和代理人訂定基礎法律關係，並授與代理權，只是雙方約定，該代理權必須直到本人死亡後，始生效力（或可稱為「狹義的死後代理」）**❺❷**，例如被繼承人委託代理人，在其死亡後，代為捐款，因此代理人可以在被繼承人死亡後，取得以被繼承人名義代為捐款的代理權，只是被繼承人已經死亡而無權利能力，因此代理行為對繼承人發生效力，但因實際授與代理權的是被繼承人，因此代理人所為的代理行為效果，仍屬於遺產債務，故債權人不能對繼承人的固有財產主張清償責任，而只能對遺產主張清償責任，構成限定繼承的清償範圍（參照民法第一一四八條第二項）。

參、（意定）代理權的消滅

　　（意定）代理權消滅原因有以下可能:

---

❺❶ Palandt/Heinrichs, §168 Rdn. 4. 但法國卻不承認死後代理，而認為本人死亡，代理權即告消滅，此亦為我國部分學說所主張，參閱黃陽壽，民法總則，第331頁。

❺❷ 反對意見：Heldrich, JherJb. 79, 315, 323。西班牙亦不承認狹義的死後代理。

一、期限經過

本人授與代理人代理權時，可以對代理權的存續附始期或終期（參照民法第一○二條），特別是在授與不可撤回的代理權，本人往往會對代理權的授與附終期期限，以免受到過於嚴苛的拘束。至於合夥組織也可以對執行業務合夥人的代理權附期限，只是該期限限制必須在商業登記簿上加以登記，否則不能對抗善意第三人（參照商業登記法第二十條）。

二、條件成就

如同前面所述，雖然代理權授與是一單獨行為，但不排除本人仍可以對代理權的授與附停止或是解除條件（參照民法第九十九條），而比較常見的是附解除條件，例如合夥股東向代理人表示，只有當自己因案服刑時，代理權授與始生效力。此外，代理權也會因代理事務的完成，而致使代理權授與的目的達成，因此代理權消滅，特別是特定代理會因為所代理的特定事項完成而消滅，當然代理權也會因為代理人再也無力完成代理事項而消滅，例如代理人因故成為無行為能力人。

三、拋　棄

是否代理權可以被拋棄？學說頗有爭議。否定說❸認為，只要代理人不使用代理權即可，拋棄代理權，實屬多餘，但通說❹卻以為，代理權雖然不是權利，而只是一種職能或是地位的取得，但卻也不能強迫代理人取得，因此自須允許代理人可以以意思表示向本人表示拋棄代理權，而通說

---

❸　Erman/Palm, §168 Rdn. 1.

❹　Medicus, Allgemeiner Teil des BGB, Rdn. 943; MünchKomm/Schramm, §168 Rdn. 8.

進一步認為，代理人如欲拋棄代理權，基於保護本人利益考量，俾使本人可以在得知代理人拋棄代理權後，仍有時間及機會再尋找其他適當的代理人，因此即使本人是以外部授權方式授與代理權，但代理人仍必須向本人為代理權拋棄的意思表示。

四、撤　回

㈠原　則

　　因為代理人所為的代理行為，僅對本人發生效力，因此即使本人在授與代理人代理權後，仍必須享有隨時可以決定是否要接受代理行為拘束的可能，以符合私法自治原則，特別是在代理的情況，代理人自為意思表示，而該意思表示對本人發生效力，因此本人自然對代理人存在有高度的信賴，但如果該信賴關係事後有所變動，而要本人仍必須接受已無信賴的代理人所為代理行為的拘束，自不利於本人，因此民法第一○八條第二項賦與本人可以隨時撤回代理權，而且條文強調「得於其所由授與之法律關係存續中撤回之」，因此即使是本人和代理人間的基礎法律關係仍然繼續存在，例如本人並未開除代理人，而繼續維持僱傭或是委任關係，但本人仍可以撤回代理權。

　　代理權的撤回是一有相對人的單獨行為，雖然民法第一一六條規定：「撤銷及承認，應以意思表示為之。如相對人確定者，前項意思表示，應向相對人為之」，但宜認為不論是內部授權或是外部授權，本人都可以任意選擇向代理人或是向第三人為撤回代理權的意思表示❺❺，因為如果是內部授權，但本人卻是向第三人為撤回，當然第三人即無受保護的必要，而無得主張代理效果，而如果是外部授權，但本人卻是向代理人為撤回，則不論代理人的地位是如何取得，既然本人已經明確向代理人表示，不願再賦

---

❺❺　此為通說：參閱 MünchKomm/Schramm, §168 Rdn. 30。

予其代理人地位，則代理人當然也就喪失所取得的代理人地位，只是本人尚且必須再向第三人為適當的代理權消滅通知，以保護善意不知代理權已經消滅的第三人，否則本人即必須對第三人善意信賴代理權的繼續存在，負起可能的代理表象責任。此外學說❺也承認所謂的「部分撤回效力」，例如本人僅向特定的第三人表示撤回代理權，但卻無意撤回代理人仍可對其他人繼續為代理行為的權限，因此本人撤回代理權僅對該特定第三人發生效力，卻並未發生全部撤回的效力。

㈡撤回不可撤回的代理權

本人可以授與代理人一個不可撤回的代理權，但如果欠缺正當的理由，不可撤回的代理權授與自是無效，例如公司董事 A 委託另一董事 B 代理投票，兩人約定董事 A 必須授與不可撤回的代理權，且董事 A 也必須放棄自己的投票權❺，此例即可認定該授與不可撤回的代理權，授與行為無效，因為一則董事 A 將完全喪失投票的意思表達可能，有害其一般人格權，二則德國聯邦最高法院❺認為該結果等同董事 A 將其投票權讓與給董事 B，於法不符。當然一個授與不可撤回的代理權如果無效，則不排除根據民法第一一一條但書規定：「法律行為之一部無效者，全部皆為無效。但除去該部分亦可成立者，則其他部分，仍為有效」，故而代理權通常可以繼續以可撤回的型態而有效存在❺。

授與不可撤回的代理權的正當化理由，最重要的就是不可撤回的代理權授與會有利於本人，但也不排除當有利於代理人或是第三人時，也可以構成授與不可撤回代理權的正當化理由，例如本人授與不可撤回的代理權

---

❺　例如 Soergel/Leptien, §168 Rdn. 19。

❺　本人授與代理權給代理人，在無明確表示下，本人仍可以自為意思表示，本人並未因授與代理權給代理人之後，而喪失自為意思表示參與社會交易的能力。

❺　BGH DB, 1976, 2295.

❺　參閱 BGH WM 1969, 1009。

給代理人，可以以「自己代理」方式，代為履行本人對代理人的債務（參照民法第一〇六條但書）❻，或是例如本人向代理人表示，可以放心向銀行借貸，因為自己會授與一個不可撤回的代理權，以供代理人抵押處分本人的不動產作為擔保❻。基於上述的不可撤回的代理權授與，對於代理人及第三人具有重大的法律意義性，德國聯邦最高法院❻甚至認為，上述代理權授與的不可撤回性，無須本人明示，而由代理權授與的目的，即可探知本人有默示授與不可撤回的代理權的意思。另外，學說❻無爭議的認為，一個獨立於無效的基礎法律關係之外的概括代理權❻，即使該概括代理權是一不可撤回的代理權，但有鑑於基礎法律關係已經無效，因此宜認為本人仍可以撤回代理權。

五、基礎法律關係消滅

民法第一〇八條第一項規定：「代理權之消滅，依其所由授與之法律關係定之」，依條文文意，立法者將代理權消滅原因和基礎法律關係消滅原因並聯，但必須強調的是，民法第一〇八條第一項並非是強制規定，否則就有違代理權授與的無因性，代理權有可能早於基礎法律關係而消滅，例如本人可以在基礎法律關係存續中隨時撤回代理權（參照民法第一〇七條規定），代理權也有可能晚於基礎法律關係而消滅，例如代理人雖因故已離職，但本人仍請求其能夠繼續處理相關契約事項，而繼續授與代理權❻。

---

❻　參閱 MünchKomm/Schramm, §168 Rdn. 33。

❻　參閱 Woeste, BB 1955, 183。

❻　BGH WM 1965, 107.

❻　Erman/Brox, §168 Rdn. 18; Flume, Allgemeiner Teil des BGB II, §53 3.

❻　所謂「獨立於無效的基礎法律關係之外的代理權」，是指例如本人雖和代理人間的基礎法律關係無效，但代理權的授與卻基於無因性而有效存在，參閱上述壹、三、㈣、1。

總之民法第一○八條第一項立法者僅是要強調，在無其他法律特別規定或當事人另有約定，代理權才會隨基礎法律關係而一併消滅。

㈠基礎法律關係終止

本人和代理人間的基礎法律關係最常見者，即屬**委任**及**僱傭關係**。而兩者法律關係消滅的最常見的原因，即是因一方當事人的**終止**，例如民法第五四九條第一項規定：「當事人之任何一方，得隨時終止委任契約」，民法第四八八條第二項規定：「僱傭未定期限，亦不能依勞務之性質或目的定其期限者，各當事人得隨時終止契約」，但必須注意勞動基準法對於僱傭契約的終止，定有特別規定，例如勞動基準法第十一條規定：「非有左列情事之一者，雇主不得預告勞工終止勞動契約：一、歇業或轉讓時。二、虧損或業務緊縮時。三、不可抗力暫停工作在一個月以上時。四、業務性質變更，有減少勞工之必要，又無適當工作可供安置時。五、勞工對於所擔任之工作確不能勝任時」。此外，民法第四八九條第一項又規定：「當事人之一方，遇有重大事由，其僱傭契約，縱定有期限，仍得於期限屆滿前終止之」。

㈡企業經營讓與

如果基礎法律關係經由法律行為而讓與移轉，也會衍生代理權移轉的相關問題，實務上重要的是企業主原先委任專業經理人經營企業，並授與代理權，之後企業主將整個企業出售轉手，則將如何影響代理權？不無疑問。無爭議的是，在企業整個讓與後，原先企業主和代理人間的契約關係，自就不再存在，因此代理人也就不能再代理原先的企業主；有爭議的是，是否代理人仍可以再代理新的企業主？有學說[66]認為在企業讓與移轉後，原先專業經理人的代理權即自然消滅，但也有認為[67]，企業的讓與自也包

---

[65]　參閱 Larenz/Wolf, Allgemeiner Teil des BGB, §47 Rdn. 68。

[66]　Köhler, BB 1979, 912, 915.

括企業和員工間契約關係的讓與，因此既然專業經理人和企業間的契約關係仍繼續存在，則在新企業主尚未撤回其代理權前，代理權就應繼續存在，否則專業經理人就無法發揮應有的專業及能力，而有違契約目的。

對此爭議，作者以為經由整個企業的讓與，當然企業和員工間的契約關係也必須一併移轉，而非消滅，這非但是基於企業讓與內容的解釋，更是對勞工保障的必要結果。同樣地，專業經理人的契約關係也必須隨企業主的換手而一併移轉，以保障專業經理人的契約權益不受影響，但至於是否專業經理人的代理權亦隨之一併移轉，則不無疑問，因為專業經理人的代理權關係企業經營甚鉅，而具有高度信賴性，故宜認為必須經由新企業主再度授權確認，專業經理人的代理權始能續存❻❽，如果專業經理人認為代理權的存續對其具有利益性，特別是對其專業能力的一種肯定，則為避免其代理權會因企業主的更換而受影響，應是在最初的代理權授與上，採取不可撤回的代理型態才是。

(三)代理人死亡或成為無行為能力人

代理權不是一種權利，因此不能被單獨繼承（參照民法第一一四八條第一項），而是必須隨基礎法律關係的被繼承，而一併移轉。至於基礎法律關係是否可以被繼承，則須視是何種法律關係而定，如果基礎法律關係是僱傭契約，則會因僱傭契約的高度人身專屬性，故欠缺可繼承性，因此在代理人死亡後，僱傭關係即告結束，當然也就無代理權隨之移轉問題。但

---

❻❼　Larenz/Wolf, Allgemeiner Teil des BGB, §47 Rdn. 71.

❻❽　相同意見：MünchKomm/Schramm, §168 Rdn. 5。在企業的繼承情況，繼承人法定繼承企業，故而專業經理人的契約關係及代理權，自亦隨之一併移轉。但企業的讓與是經由法律行為而生，新企業主自有自己的經營計畫而接手企業，因此專業經理人是否仍擁有代理權，就取決於必須和新企業主間具有相當高度的信賴關係，故而有賴新企業主進一步確認，而不宜認為應如同企業繼承般，法定一併移轉。

如果基礎法律關係是委任契約，則民法第五五〇條有特別規定：「委任關係，因當事人一方死亡、破產或喪失行為能力而消滅。但契約另有訂定，或因委任事務之性質不能消滅者，不在此限」，可知在委任關係，如果代理人死亡，僅是推定代理權一併消滅而已，不排除基於契約的解釋或性質，而認為委任契約具有可繼承性，例如本人委任代理人代為聲請移轉土地登記給代理人，並授與代理權（自己代理），則應認為即使在代理人死亡後，該委任契約發生繼承效果，而由代理人的繼承人繼承委任契約，並繼續取得代理權才是❻。此外，民法第五五二條也再度強調本人對於代理權存續的利益，而在代理人死亡後，令代理權繼續存在：「委任關係消滅之事由，係由當事人之一方發生者，於他方知其事由或可得而知其事由前，委任關係視為存續」。

因為代理人不能是無行為能力人❼，所以如果代理人因故成為無行為能力人，例如受監護宣告（參照民法第十四條），則代理權也就消滅。但如果代理人只是受輔助宣告（參照民法第十五條之一），因為受輔助宣告之人並非是無行為能力之人，而僅是受輔助宣告之人所為的意思表示，須得到輔助人同意而已（參照民法第十五條之二），故應認為受輔助宣告之人不會因此而喪失代理權。

㈣本人死亡或是無行為能力

當代理權授與人死亡，通常基礎法律關係——即使是僱傭關係——不會因此就消滅（參照民法第五五〇條但書），而是會發生繼承效果，例如企業老闆死亡，而由企業主兒子繼承企業經營，當然也就繼承和企業員工間的僱傭契約，因此員工代理權也不會因此而消滅，而是隨之移轉，結果員工代理人也就必須改以繼承人名義，繼續為代理行為（死後代理）❼，當

---

❻　RGZ 114, 354.

❼　參閱第二章、貳、一。

然代理人在為代理行為時，也必須改以繼承人的利益為考量，而不再是以被繼承人利益為考量，因此必要時代理人應通知繼承人，已經發生繼承事實，並進一步靜待繼承人的指示。問題是，如果代理權授與人生死未明，而死亡宣告要件也尚未成就，則後續法律問題的處理，端視代理人以何人名義為法律行為。一般以為，如果代理人在代理權授與人（被繼承人）死亡後，仍以其名義為法律行為，或是代理權授與人仍未死亡，但代理人卻已經以其繼承人名義為法律行為，則構成無權代理❼。

一旦本人成為無行為能力人，並不影響先前的代理權授與，但代理人應告知本人的法定代理人，和本人間存在有代理的法律關係，並改遵守本人的法定代理人指示，而法定代理人當然也可以以本人名義撤回代理權。

六、本人破產

當本人破產，是否其意定代理人對於破產財團的代理處分權限，應受到限制，我國破產法並無明確規定。但比較德國破產法第一一七條第一項明文規定❼：破產人的意定代理人將喪失對破產財團所屬財產的相關代理權限，及考量我國破產法第七十五條規定：「破產人因破產之宣告，對應屬破產財團之財產，喪失其管理及處分權」，自應認為既然破產人本人都喪失對破產財團所屬財產的管理及處分權限，當然其意定代理人亦無得以破產人名義代理管理處分之，以實現並確保破產管理人對破產財團所屬財產的專屬管理及處分權限。但代理人所喪失者也僅限於和破產財團所屬財產有關的法律行為，並未喪失對其他不相關行為的代理權，例如對於一些身分

---

❼ 參閱第四章、貳、五。

❼ 參閱 MünchKomm/Schramm, §168 Rdn. 18。

❼ §117 I Insolvenzordung lautet: "Eine vom Schuldner erteilte Vollmacht, die sich auf das zur Insolvenzmasse gehörende Vermögen bezieht, erlischt durch die Eröffnung des Insolvenzverfahrens."

行為的代理權，仍不喪失，或是一些不在強制執行範圍內的相關事務，例如代理人代理破產人購買一些日常所需物品，仍是在代理權所許可的範圍。當然如果破產人的意定代理人不知破產宣告，而仍代理法律行為，則構成無權代理，不排除破產管理人可以事後加以承認，而如果破產管理人不願加以承認，根據德國學說❼意見，善意的代理人並不須負起任何無權代理責任，以保護不知代理權已經因破產宣告而消滅的善意代理人。

肆、利益衝突的禁止

民法第一〇六條對於代理權有一般性限制規定，限制意定代理權及法定代理權的範圍：「代理人非經本人之許諾，不得為本人與自己之法律行為，亦不得既為第三人之代理人，而為本人與第三人之法律行為。但其法律行為，係專履行債務者，不在此限」。準此，代理人在未得本人的同意下，不能代理本人和自己為法律行為（所謂「自己代理」禁止），也不能代理本人，同時又代理他人，相互為法律行為（所謂「雙方代理」禁止），代理行為違反民法第一〇六條者，效力未定，而有待本人的進一步承認❼。

一、禁止理由

民法第一〇六條禁止代理人為「自己代理」及「雙方代理」，根本上是基於如下考量：

㈠欠缺公開性

代理人所為的代理行為，或為契約，或為單獨行為，其效果應歸屬於本人，因此代理行為在形式外觀上，應當是由兩方當事人共同參與，因此

---

❼　Soergel/Leptien, §168 Rdn. 8.

❼　最高法院八十七年臺上字第九四八號判決。並參閱李淑如，《民法總則》，第356頁。

民法第一〇六條就禁止在形式外觀上無法被清楚辨識有「兩方當事人」參
與的「自己代理」及「雙方代理」行為，因為在該等行為，完全只須「代
理人一人」作業，就可以完成法律行為，致使外界難以觀察到及確認法律
關係的成立及履行。例如父母親代理子女將屬於子女所有的標的物，出售
並讓與給自己，或是執行業務的合夥股東，將合夥財產出售並讓與給自己，
甚至直接為自己加薪。基於「自己代理」及「雙方代理」行為欠缺「代理
行為」概念上應要有的「兩方當事人」，因此日耳曼法自始就對該等制度的
存在，有所存疑❼，但我國民法第一〇六條卻仍是承認了「自己代理」及
「雙方代理」行為的許可性。

㈡利益衝突

但畢竟「自己代理」及「雙方代理」行為會為本人帶來不利益，因此
民法第一〇六條有必要採取保護規範。吾人可以試想，在「自己代理」中，
代理人勢必僅會為自己利益著想，而傷及本人利益，在「雙方代理」中，
也難保代理人不會僅為一方本人利益著想，而傷及另一本人利益，基於如
此的利益對立所可能引發的利益衝突，民法第一〇六條自有限制代理人代
理權限的必要。但如果當事人間並無利益衝突時，就無禁止的必要，例如
全體合夥人為合夥共同目的經營，而有必要決議相關事項（參照民法第六
七〇條），則不排除個別合夥人可以相互代理投票表決（共同行為），因為
表決事項終究是為合夥組織的共同事業經營目的，而非是針對合夥人的個
別利益，因此就不存在有相對立利益問題，亦就不會有利益衝突之虞❼，
但如果表決的事項非關合夥的共同事業經營，而是關於合夥人的個人權益，
例如加薪或是開除事項，則民法第一〇六條自有適用。

---

❼ 　參閱 Boehmer, Grundlagen II 2, S. 44 ff。

❼ 　參閱 BGHZ 65, 93; Larenz/Wolf, Allgemeiner Teil des BGB, §46 Rdn. 121：公司
　　股東間可以相互代理表決。

二、例外情況

民法第一〇六條原文包括兩項「禁止自己代理及雙方代理」的例外：一是經本人的許諾，二是**專為履行債務者**。此外，學說也承認可以透過法學方法論上的「目的性限縮」，限制民法第一〇六條的適用範圍，而認為如果代理行為可以為本人帶來法律上的利益時，自無排除自己代理或是雙方代理的必要。

(一)本人的許諾

基於私法自治原則，本人當然可以放棄對自己利益的保護，而在授與代理權給代理人時，表示許可代理人可為自己代理或是雙方代理行為。該許諾是一個有意思表示相對人的單獨行為，應向代理人為之，本質上就是代理權的授與，因此相關代理權授與的規定，都有所適用，當然本人也可以在事後經由「承認」而達到事先「許諾」的結果。就法定代理而言，因為未成年人無行為能力，因此首先必須根據民法第一〇八條第二項先選任「特別代理人」，再由特別代理人為「許諾」或「承認」。自己代理或是雙方代理的許可，也可以自始來自於法律或是章程規定，例如社團章程或是合夥契約可以明訂董事或是合夥人的權限，可以為自己代理或是雙方代理，而且也可以將之登記於法院或是商業登記簿，以昭公信。

(二)專為履行債務者

民法第一〇六條又明文規定，代理人專為履行債務者，可為自己代理或雙方代理，這是因為本人債務的履行，是屬於履行本人既已存在的義務，故亦並無利益衝突之虞。例如櫃臺雇員可以由自己所掌管的收銀機中，收取雇主所積欠的工資。

(三)帶來利益的法律行為

既然民法第一〇六條的禁止目的是避免利益衝突，則在無利益衝突的情況下，就應允許代理人可為自己代理或是雙方代理。至於代理人所為的

法律行為有無利益衝突，則是**抽象判斷**，非以個別的法律行為做具體判斷，這是因為民法第一○六條禁止自己代理及雙方代理，本就是基於抽象危險的禁止而規定：不論代理人所為的自己代理或是雙方代理行為，最後有無為本人帶來利益或是不利益，例如即使代理人所為的買賣行為，最後可以為本人帶來極大的經濟利益，但卻仍為民法第一○六條所禁止。正是因為民法第一○六條所禁止者是抽象的風險行為，因此本人也就無須證明代理人所為的自己代理或是雙方代理行為，在個案上是否確實會為本人帶來不利益，本人都可以據而加以否認其效力。

　　依立法目的，民法第一○六條所禁止者是利益衝突，因此基於法學方法上的「**目的性限縮**」，自然不具利益衝突的代理行為，就不在禁止範圍，例如無償行為即是一例。但如果本人是無行為能力人，或是限制行為能力人，則單是無償行為仍不足以肯定代理人就可以為本人自己代理或是雙方代理，因為根據民法第七十五條規定，唯有「純獲法律上利益」的法律行為，始對未成年人發生效力，而一般的無償行為雖會為**未成年人帶來經濟**上的利益，但如果所帶來的仍不是「**純獲法律上利益**」，而有法律上的義務者，則該法律行為仍不對未成年人發生效力。例如未成年人的父母當然可以以自己名義，並同時以子女名義，贈與並受贈禮物，並移轉禮物所有權給子女，完成「自己代理行為」，因為贈與的法律行為，對未成年人而言，是純獲法律上利益。但如果父母所贈與者是一公寓大廈的區分所有權，則因為公寓大廈的區分所有權人尚必須支付管理費用（參照民法第七九九條之一及公寓大廈管理條例第十條第二項），故而產生法律上的義務，因此對未成年子女而言，仍不是純獲法律上利益，故此處父母所為的自己代理行為，根據民法第一○六條，自是效力未定，而有待法院選任特別代理人，由特別代理人加以決定該贈與效力❼❽。而「附負擔的贈與」對未成年人也

---

❼❽　參閱 Larenz/Wolf, Allgemeiner Teil des BGB, §46 Rdn. 130。

不是一純獲法律上利益的行為，故亦不許可法定代理人為自己代理或是雙方代理，自不待言。

三、擴大適用民法第一○六條

非常有爭議的是，雖然一些法律行為並不在民法第一○六條的原文規範範圍內，但具有實質的利益衝突，是否可以類推適用民法第一○六條，而加以禁止？例如 A 律師在得到當事人 B 及 C 同意下，雙方代理 B、C 為和解契約。B、C 兩人之後卻對和解契約內容有爭議，而進入法院訴訟，但 A 卻接受 B 的委任而成為其訴訟代理人。本例 A、B 間的訴訟代理契約效力，並無民法第一○六條的直接適用，亦難以被類推適用，因為 B 是基於自己意願授與代理權給 A；至於 C 所可能遭受的不利益，只能以不完全給付或是侵權行為加以救濟。

再例如 D 公司的總經理 E（公司代理人）和另一 F 社團法人的董事 G 代表為法律行為，而 G 同時是 D 公司及 F 社團法人的唯一董事，本例亦無「雙方代理」的禁止，因為縱然本例結果是 D 公司和 F 社團互為法律行為，而且 G 是 D 公司和 F 社團的唯一董事，但是絕不能被解讀成：「G 雙方代理 D 公司及 F 社團」，因為本例是由 E 總經理代理訂約，而且 E 是以公司總經理地位，獨立自主的代理 D 公司為法律行為，而不是 G 的複代理人，自也就無脫法行為可言[79]，除非 G 是專為訂立此一特定法律行為而授與代理權給 E，並指示 E 為該特定法律行為。

此外例如 H 代理人以 I 的名義，和 J 訂立保證契約，保證自己 (H) 和 J 的主債務，本例也無民法第一○六條原文所描述的自己代理或是雙方代理型態[80]，本例所會對 I 本人產生的不利益，終究只能以「代理權濫用」

---

[79] 參閱 BGHZ 91, 334。

[80] 參閱 Soergel/Leptien, §181 Rdn. 29。

理論加以解決。

　　而在一些例子，可以被認定有擴大民法第一〇六條適用的餘地，例如代理人又委任複代理人，代理本人將本人土地讓與代理人自己，或是代理人代理本人以利益第三人契約型態，將土地移轉登記讓與給自己，在這些例子，雖然按照民法第一〇六條原文並無法直接適用，但是仍應認為已經違反其立法目的，甚而都足以構成規避民法第一〇六條的**脫法行為**，故法律行為皆應不生效力。

第五章

無權代理

　　代理人以本人名義所為的意思表示，必須具有（法定或意定）代理權限，或是其所為的代理行為不能逾越代理權範圍，始能根據民法第一○三條第一項對本人發生效力，否則代理人所為的法律行為就是無權代理，不能對本人發生效力。在此之下，無權代理的法律問題，主要出現在兩方面，一是本人可否事後承認該無權代理行為，並進而對本人發生效力？民法第一七○條第一項即規定：「無代理權人以代理人之名義所為之法律行為，非經本人承認，對於本人不生效力」❶。二是**無權代理人** (falsa procurator) 必須對善意的意思表示相對人，負起民法第一一○條的無權代理損害賠償責任：「無代理權人，以他人之代理人名義所為之法律行為，對於善意之相對人，負損害賠償之責」。以下分別就第一七○條及第一一○條加以說明。

壹、民法第一七○條

一、無權代理行為的類型及效力

　　按民法第一七○條第一項原文的法律效果觀之，無權代理行為對本人並非是無效，而僅是效力未定，而「效力未定」對當事人（本人或是相對人）而言，意謂著無須受到代理行為的拘束，因此如果當事人不知代理行為仍是效力未定而為給付，則當事人可以根據民法第一七九條的「給付型不當得利」，請求返還所得給付利益，而無須直到代理行為確定終極無效後，始能請求返還❷。民法第一七○條第一項原文只謂無代理權人以代理

---

❶　無權代理行為也可以經由法律規定而生效，例如經由民法第一○七條的「狹義無權代理」或是民法第一六九條的「表見代理」而生效，以保護交易安全，詳見第六章。此外民法第一七○條的事後承認無權代理規定，並不適用於當有權代理人誤以為自己無權代理，並向相對人明示自己無權代理，而相對人也表示理解的情況，蓋本例仍是有權代理，本人及相對人都必須接受代理行為的效力拘束。

人之名義所為之「法律行為」，而不區分「契約行為」或是「單獨行為」，明顯有所不妥，因為有鑑於單獨行為的效力，僅須取決於表意人（代理人）單方的意思表示，相對人無從置喙，因此一個「效力未定」的單獨行為，勢必會置相對人的法律地位於不確定的狀態，明顯不利相對人。學說❸向來以為，單獨行為不宜附期限、條件，民法第七十八條也明文規定：「限制行為能力人未得法定代理人之允許，所為之單獨行為，無效」，由此可見，民法的基本原則是認為「單獨行為並無效力未定的適用」，故作者以為，無權代理人所為的法律行為，也應區分成「契約行為」或是「單獨行為」，而唯有「契約行為」始有民法第一七〇條第一項的適用，在未得到本人承認前，效力未定；反之，無權代理單獨行為，該單獨行為無效，原則上並無事後承認之可能。

㈠契約行為

1.本人應向相對人為承認

按民法第一七〇條規定，本人事後承認無權代理契約行為，因本人自己終究介入該契約行為，所以代理行為即對本人發生效力，本人必須承受起代理行為的所有權利及義務❹。而根據民法第一一七條規定「法律行為

❷ 如果當事人明知無權代理行為的效力未定,例如明知對方是十八歲的限制行為能力人,但卻仍預先向限制行為能力人為給付,期待法定代理人的事後承認,則本例性質上是一種「目的性給付」,在契約有效成立的目的未達成前,不得請求給付的返還,而必須直到法定代理人終極拒絕承認後,法律行為因此確定無效,當事人的給付期待目的確定無法達成,始能根據不當得利請求返還。必須強調的是,因為當事人的預先給付,其目的仍在期待將來契約有效成立的可能,因此尚無民法第一八〇條第三款的「明知」無債清償的適用:參閱劉昭辰,債法總論實例研習——法定之債,例題6【電動遊戲軟體的試用——目的性給付 (condictio ob rem)】。

❸ Rüters/Stadler, Allgemeiner Teil des BGB, §20 Rdn. 12. 黃陽壽,《民法總則》,第302頁。

須得第三人之同意始生效力者，其同意或拒絕，得向當事人之一方為之」，因此本人的事後承認可以向代理行為的相對人，或是代理人為之，而且根據民法第一一五條規定，經承認後的代理行為，溯及既往自始生效。但如果是相對人催告要求本人確認無權代理行為，則根據民法第一七○條第二項規定「前項情形，法律行為之相對人，得定相當期限，催告本人確答是否承認，如本人逾期未為確答者，視為拒絕承認」，解釋上應認為，此時本人僅能向相對人為承認（或拒絕）的意思表示，僅是向代理人為承認（或拒絕），無權代理行為仍不生效力（或終極確定無效）❺。

此外應進一步認為，在相對人請求本人確答下，如果本人確答拒絕承認，則即使本人之前對代理人所為的無權代理行為，已經表示過允許、承認或是拒絕之意，但該「允許」、「承認」或「拒絕」亦會因相對人的事後要求本人確答而失其效力！因為相對人在不知本人是否曾私下已經對代理人有「允許」、「承認」或「拒絕」之情況下，要求本人最終確答，可認為相對人不在意本人曾私下所為的「允許」、「承認」或「拒絕」，而仍願意再給本人一次確答的機會，以徹底釐清法律關係，而對於本人而言，可以正式對外表示其對契約效力的看法，再有一次思考機會，對之亦無不利益可言，因此解釋上宜認為，在這之前本人對代理人先前所為的允許、承認或拒絕，即失其效力，結果堪稱正當❻。

2.相對人之撤回

在本人對無權代理行為承認前，該無權代理行為效力未定，結果也會置相對人於法律地位不確定狀態，而不利相對人。因此民法第一七一條規

---

❹ 如果代理人事後取得代理權，則代理人也可以對先前的無權代理行為加以承認，自不待言。例如本人並不知無權代理行為，但事後授與代理權給代理人，處理相關事項。

❺ 參閱 Larenz/Wolf, Allgemeiner Teil des BGB, §49 Rd. 5。

❻ 參閱劉昭辰，《民法總則實例研習》，例題 18【超貴的腳踏車】。

定：「無代理權人所為之法律行為，其相對人於本人未承認前，得撤回之。但為法律行為時，明知其無代理權者，不在此限」。依此，只要相對人不知無權代理事實，就可以在本人尚未承認前，撤回意思表示，而撤回的意思表示可以向本人或是無權代理人為之❼，但如果相對人明知無權代理事實，則是自陷於法律地位不確定的風險中，因此也不能主張撤回，而只能主張請求本人確認是否事後承認無權代理行為。至於相對人的明知無權代理時點，原則上是以契約訂立時為準，而更精確的時點，則可能必須有賴立法目的的解釋加以認定，例如相對人在無權代理人為要約後，立即發出書面承諾的意思表示，在該承諾意思表示尚未到達本人前，契約自仍未成立，但於此時相對人卻得知無權代理事實，自然相對人仍可以以更快速的方式撤回其承諾意思表示（例如打電話）。但如果相對人的承諾意思表示附條件，因此即使在到達本人後，契約雖成立，但卻仍未生效，此時相對人得知無權代理事實，因為相對人對於契約生效不再有支配能力，故作者以為，仍宜賦予相對人有撤回權。

3.視為拒絕承認

在相對人請求本人確答下，本人卻未在相當期限內為「承認」或是「拒絕」的意思表示，根據民法第一七○條第二項規定，視為拒絕承認。該拒絕是一擬制，本人不得以不知法律為由，主張意思表示錯誤（法律錯誤），或是根本欠缺法效意思為由，而撤銷拒絕的效果。此外，相對人根據民法第一七○條第二項「請求本人確答」，是一準法律行為❽，因此自有意思表示相關規定的類推適用餘地，故若本人是無行為能力人或是限制行為能力人，則相對人應是向本人的法定代理人請求確答。而相對人不能在請求本人確答時，表示「如果一週內不確答，視為承諾」，因為本人並無接受單方

---

❼ 參閱德國民法第一七八條第二項規定。

❽ 參閱 Larenz/Wolf, Allgemeiner Teil des BGB, §49 Rd. 14。

面意思表示拘束的義務。

雖然本人對於無權代理行為並未為承認的意思，但不排除在特定情況下，本人不能主張代理行為無效，而必須對代理行為負責。例如雇主多年前透過仲介代理和受僱人訂立勞動契約，在多年後雇主始發現當初仲介代理人並未取得有效的代理權，但基於勞動法上所被普遍承認而具有一般習慣法效力的「事實上勞動契約關係理論」❾，此時即不宜同意雇主可以主張無權代理效果❿。同樣，如果本人拒絕承認代理行為，而有違誠實信用原則中的「須立刻再返還之利益，不得請求」(dolo agit qui petit quod statim redditurus est) 時，本人即負有義務承認無權代理行為，而不能拒絕承認，例如本人之前曾和相對人訂立預約，事後雖授權代理人訂立本約，但卻發現代理權授與有瑕疵，雖然如此，本人卻負有義務承認本約效力，而不能主張無權代理，拒絕履行本約⓫。

本人的事後承認，當然必須以本人明知無權代理行為為必要，如果本人根本不知代理行為因為代理權的瑕疵而無效，當然也就無所謂事後承認可能。因此只要本人在不知無權代理情況下，即使事後履行完畢（無權）代理行為，也因此尚難就認為本人有「默示承認」無權代理行為的意思表示，故即使是在多年後，不排除本人仍可以主張無權代理效果，而否認代理行為的效力⓬。只是在一些特殊情況，代理行為的相對人經由本人的行為，因而可以信賴代理行為的有效，此時根據誠實信用原則中的「矛盾行為禁止」(venire contra factum proprium)，本人就不能再主張代理行為因代

---

❾ 根據「事實上勞動契約關係理論」，勞動關係的不成立、無效或是撤銷，僅會向後發生效力 (ex nunc)，而非溯及自始發生 (ex tunc)，以保護勞工權益：參閱王澤鑑，《債法原理》，第 232 頁以下。

❿ 參閱 MünchKomm/Schramm, §177 Rdn. 37。

⓫ BGH NJW 1990, 508, 509.

⓬ 參閱 MünchKomm/Schramm, §177 Rdn. 26。

理權的瑕疵而無效，例如相對人曾向本人詢問代理人的代理權是否為真，或是相對人曾向本人質疑代理權授與文件的真實性，而本人都給予正面的答覆，則本人就必須承受該代理行為的效力，而不能再主張無權代理❸。

(二)單獨行為

如上所述，雖然我國民法第一七〇條第二項並無「無權代理人所為的單獨行為無效」的明文規定，但就法律理論上而言，應認為無權代理人所為的單獨行為無效，以保護相對人免處於法律狀態不確定地位。只是參考德國民法第一八〇條規定，無權代理人所為的單獨行為，如果相對人於受意思表示時，①**並未立即提出無權代理的駁斥**，或是②**同意接受該無權代理行為**，則畢竟該無權代理行為並不是本人親自所為，因此該無權代理單獨行為並非是無效，而僅是效力未定，並可類推適用無權代理契約行為的規定，相對人可以請求本人親自最後確認，是否願意事後承認該單獨行為。而所謂「未立即對無權代理提出駁斥」，並無須以相對人明知或是可能懷疑代理人欠缺代理權為必要，換言之，只要相對人於代理人為代理行為時，因不知無權代理，故而也未曾對代理權的欠缺立即提出駁斥，則該無權代理單獨行為，就有事後經由本人承認而溯及生效的可能，例如無權代理人（律師）向相對人表示要代理本人為「給付遲延催告」（參照民法第二二九條第二項）❹，而相對人並無任何的表示（未立即駁斥代理權限），則事後當相對人得知代理人並無代理權時，則仍可以請求本人是否承認給付遲延催告，但如果相對人自始就立即駁斥代理人的代理權限，當然也就無本人事後承認的可能。必須強調的是，如果相對人並不是針對無權代理為駁斥，而是針對代理行為的本身為反駁，例如相對人所駁斥的並不是代理人所為

---

❸ 但 Canaris 教授卻認為本例是屬於表見代理問題：參閱 Vertrauenshaftung, S. 287, 311 ff.。

❹ 即使催告的法律性質是準法律行為，但無爭議的是，當然可以類推適用單獨行為的相關規定。

的給付遲延的「催告」是無權代理，而是反駁自己根本就未曾給付遲延，則本例本人仍有事後承認給付遲延催告的可能❶。

如果相對人明知或是懷疑代理人無權代理單獨行為，但卻未有任何表示，則該無權代理單獨行為，即為無效，而無事後承認的可能，除非相對人明白表示同意接受該無權代理行為，該無權代理單獨行為始會處於效力未定狀態，而有待本人的承認。

二、承　認

㈠承認是有相對人的單獨意思表示

承認是一種**事後同意**的意思表示（**事前同意**的意思表示稱為「允許」），是有相對人的單獨意思表示，根據民法第一七〇條第一項❶及第一一五條規定，無權代理行為若經本人事後承認，則溯及發生效力❶，本人就必須承受代理行為的權利及義務，本人也必須承受（無權）代理人的意思表示瑕疵，也必須承受代理人對於事實明知或可得而知的結果（參照民法第一〇五條），而（無權）代理人就成為本人的履行輔助人（參照民法第二二四條），本人也必須對代理人的侵權行為負起民法第一八八條第一項的連帶賠

---

❶ MünchKomm/Schramm, §180 Rdn. 6.

❶ 民法第一七〇條第一項也可以適用於法定代理情形,例如某人以法定代理人名義而無權代理訂立法律行為，則真正的法定代理人也可以事後承認該法律行為，或是該無權代理人事後取得法定代理人地位時，則也可以根據民法第一七〇條第一項，承認之前的無權代理行為。此外，民法第一七〇條第一項也可以被類推適用於「使者」及「冒名行為」: 參閱第二章、壹、三，及貳、一、㈢。

❶ 該溯及效力，並不會對消滅時效的起算時點發生影響，因為根據民法第一二八條規定，消滅時效自請求權可行使時起算，而在本人尚未承認無權代理行為前，相對人並無得主張代理行為效力，當然也無得請求，因此消滅時效起算時點仍應是以本人承認時起算。參閱 Staudinger/Schilken, §177 Rdn. 9.

償責任。而因為承認是一單獨行為，因此限制行為能力人或是受輔助宣告之人（所謂「準限制行為能力人」），未得法定代理人或是輔助人允許所為的承認無效（參照民法第七十八條及民法第十五條之二第二項準用第七十八條）❽，只是不排除法定代理人❾可以再對無權代理行為為承認。

㈡承認可以明示或默示為之

本人的「承認」意思表示，可以明示為之，也可以默示為之，而默示承認意思表示的存在前提，當然必須以本人明知有「無權代理行為」為必要，例如本人在明知代理人無權代為買賣契約後，即刻出貨，即可以被解為是一默示承認行為，但如果本人根本不知代理人所代為的買賣契約是無權代理而出貨，則本人的出貨行為仍不是一默示承認行為，不排除本人事後仍可以主張無權代理，而否認買賣契約的效力。依此，只要本人不知代理人無權代理，即使已經長期和相對人完成無數的買賣契約，仍不足以認定有默示承認無權代理的意思❿，而德國聯邦最高法院⓫在其判決中，更認為本人明知無權代理行為，但因相對人所交付的貨物具有立即腐敗的可能，因此毫不遲疑即處分該批貨物，也仍不足以被認定有默示承認無權代理的意思。再例如相對人向本人詢問，「以本人名義（印章）所開立的支票，是否為真」，而本人僅是沈默以對，亦不足以被認定為默示的承認⓬，

---

❽ 如果代理行為內容，對本人（限制行為能力人或受輔助宣告之人）帶來純獲法律上之利益，例如是一受贈契約，則本人（限制行為能力人或受輔助宣告之人）所為的承認，根據民法第七十七條但書及民法第十五條之二第一項，即為有效。

❾ 輔助人不是受輔助宣告之人的法定代理人，因此不能主動代理受輔助宣告之人承認無權代理行為。

❿ 不同意見：Canaris, Vertrauenshaftung, S. 375。

⓫ BGH LM §182 Nr. 5.

⓬ 參閱 BGHZ 47, 110, 113。

但此時本人必須根據具體的情況，依照誠信原則而負起民法第一八四條第一項後段（故意以背於善良風俗之方法加損害於他人）的損害賠償責任❷❸，只是亦有學說❷❹認為基於票據的流通性，不排除一般社會觀點會期待本例本人應予以積極回答，因此如果此時本人仍保持沈默，則似乎應認為本人對於票據的真實有效性，已經以可歸責的態度創造出信賴表象，故而必須被認為是一默示的承認。

㈢基礎法律關係的承認與無權代理的承認

基於代理權授與的無因性，因此本人「承認和代理人之間的基礎法律關係」，就必須和「無權代理的承認」，兩者被清楚的區分，例如民法第一七八條的「承認」，僅指本人對於（不正當）無因管理行為的承認，並進而適用委任規定，以規範本人和管理人間的內部法律關係而已，而不及於承認管理人基於無因管理行為和第三人所為的「無權代理」外部關係。舉例言之，管理人在承擔管理事務時，違反本人明示或可得知的意思（參照民法第一七六條第一項），而構成不正當無因管理，例如本人 A 雖一再清楚向友人 B 表達無意願到現場聆聽某臺語女歌后的封麥演唱會，因為演唱會門票實在太貴，但 B 卻仍以 A 本人名義上網購票，並告知 A 本人（不正當無因管理），A 仔細考慮後，即向 B 表示承認其管理行為，基於對該管理事務的承認，A 遂可以根據民法第五四〇條請求 B 必須交付所購得的門票，但同時 A 也必須根據民法第五四六條第一項給付門票費用給 B，但 A 對 B 的事務管理承認卻不能一概被解釋為，A 也有意一併要承認 B 的無權代理購票行為，而願意自己親自承擔起演唱會契約（承攬契約）的報酬給付義務❷❺。

---

❷❸ 參閱 MünchKomm/Schramm, §177 Rdn. 25。

❷❹ 參閱 Canaris, Vertrauenshaftung, S. 245 ff.。

❷❺ 相反地，如果本人表示願意承認「無權代理行為」，則通常可以被認定也一併有意要承認「不正當無因管理」，參閱 MünchKomm/Schramm, §177 Rdn. 28。

㈣承認原則上無要式性

本人對無權代理行為的承認，原則上並無要式性。但民法第五三一條修正後，規定：「為委任事務之處理，須為法律行為，而該法律行為，依法應以文字為之者，其處理權之授與，亦應以文字為之。其授與代理權者，代理權之授與亦同」，因此若本人委任代理人處理事務，而處理事務的本身有特別的要式性要求時，則非但委任契約的本身必須符合要式性要求，本人對於代理人的「代理權授與」意思表示，也必須符合要式性，始生效力。例如 A 以書面委任 B 代為處理不動產買賣，但在公證人的告知下，B 得知因為代理權授與欠缺民法第五三一條及民法第一六六條之一的公證要式性，所以該買賣契約對 A 本人屬於效力未定，而有待 A 的事後承認。作者以為，雖然民法第五三一條但書原文只謂「代理權的授與」也須具處理委任事務的相同要式性，但基於民法第五三一條及第一六六條之一不動產買賣代理權授與的公證要式性要求，其立法目的是在於課以契約雙方當事人應再三謹慎思考，而不應以口頭輕易為代理權授與，致使本人思慮不周而負擔不利益結果，故同樣也應要求本人在為不動產買賣契約的事後承認時，須在公證人處完成公證，始能生效，否則僅以口頭就使不動產買賣契約生效，結果將明顯違反民法第五三一條及第一六六條之一的立法目的❷❻。

但王澤鑑教授卻持相反看法：《債法原理》，第 408 頁。

❷❻ 參閱劉昭辰，《民法總則實例研習》，例題 45【代理權授與的要式性】。但作者必須再度質疑民法第五三一條增修的合理性（參閱第三章、壹、三、㈡），因為立法者認為本人和代理人間的基礎法律關係和代理權授與之間，應具有要式性一致性，不無疑問，例如 A 基於正當無因管理，擅自以 B 的名義為 B 處理事務，若該事務有特定要式性需求，則事後本人 B 以符合要式性需求的意思表示，承認 A 的無權代理，則 A、B 間的正當無因管理基礎法律關係，因是法定債之關係，自也無民法第五三一條的適用，民法第五三一條要求基礎法律關係和代理權授與的要式一致性，有時並無意義，值得立法者再三思。況且德

㈤尚未成立的組織的行為可否「承認」?

至於民法第一七〇條是否可以被類推適用於「尚未成立的組織」,則不無疑問,例如某公司組織尚未成立,而其發起股東卻已經以其名義為法律行為,是否可以類推適用民法第一七〇條規定,待公司組織成立後,由其承認之前的法律行為效力,並隨之對公司發生效力?對此問題的學說討論,自有其歷史性發展,先前的學說認為,必須區分發起人是以「現在尚未成立的公司組織」或是「將來成立的公司組織」名義訂立法律行為。但目前通說卻放棄如此的區分,而認為不論以何者名義訂立法律行為,則當該公司組織事後形成,該法律行為就自動對其生效 (ipso iure),而就再無民法第一七〇條的類推適用餘地。換言之,**事後成立的公司組織無須再為承認,必須自動承受法律行為的效力**,而公司發起股東也就隨之卸除可能的無權代理責任**❷**。

三、本人的責任

即使本人不承認代理人所為的無權代理行為,因此代理行為對本人不生效力,但並不意謂本人就可以無須對相對人負起責任:在請求權基礎的檢查下,不排除本人仍必須對相對人負起損害賠償責任,例如本人在過失不查代理人欠缺有效代理權的情況下,委由代理人和相對人訂立法律行為,如果本人事後不願承認該無權代理行為,則本人應對相對人負起**締約上過失責任** (參照民法第二四五條之一)。如果無權代理人在締約過程中,因過

國民法第一八二條第二項亦明白規定,「承認無須以基礎法律行為所定的要式性為之」: "Die Zustimmung bedarf nicht der für das Rechtsgeschäft bestimmten Form",完全不同於我國民法第五三一條的立法。

❷ BGHZ 80, 182, 並參閱劉昭辰,《民法總則實例研習》,例題 6【愛樂交響樂團】。不同意見:王澤鑑,《民法總則》,第 197 頁;史尚寬,《民法總則》,第 140 頁。

失而致使相對人受有損害，本人亦必須根據民法第二二四條，連帶負起損害賠償責任。而即使締約上過失責任是一法定債之關係，但學說❷認為行為能力的保護仍有適用，因此無行為能力人或是限制行為能力人並無須對其法定代理人的過失，負起民法第二二四條的責任。

比較困擾的是，無權代理人必須根據民法第一一〇條對相對人負起損害賠償責任，但如果相對人明知或是可得而知無權代理時，則相對人就不能對無權代理人主張損害賠償，但不清楚的是，明知或是可得而知無權代理的惡意相對人，是否仍可以對本人主張締約上過失責任？民法第一一〇條原文並未加以說明，本書以為應類推適用民法第一一〇條才是，唯亦有反對說❷認為，基於原文解釋，不宜適用，此時本人只能適用「與有過失原則」（參照民法第二一七條），請求免除或減輕責任。

貳、民法第一一〇條

一、概　說

本人如果不願承認無權代理行為，則無權代理人根據民法第一一〇條必須對善意相對人負起損害賠償責任：「無代理權人，以他人之代理人名義所為之法律行為，對於善意之相對人，負損害賠償之責」。而依一般見解，無權代理人根據民法第一一〇條對相對人所負的損害賠償責任，是**無過失擔保責任**，目的是在確保相對人參與法律行為交易的信賴，至於是何種無權代理？是意定代理抑或法定代理？則非所問。

民法第一一〇條的無權代理人責任，本質上是一信賴責任，以貫徹交易安全的保護，因為當無權代理人以代理人姿態和相對人為法律行為，無

---

❷　王澤鑑，《債法原理》，第 278 頁。

❷　Erman/Brox, §177 Rdn. 28.

權代理人就必須或多或少認知自己應當擁有代理權限，而不能以自己亦無得查證為理由而免責。換言之，在和相對人利益相較下，無權代理人自應無任何抗辯藉口，而必須承擔肇因於自己無權代理行為所引發的風險，故民法第一一〇條課以無權代理人「**無過失擔保責任**」，誠為合宜。但不乏有學說 ❸⓿ 認為，應適度地減輕無權代理人的無過失責任，因此當無權代理人在「超出每個人的認知及判斷可能性之外，而仍無法得知自己是無權代理時，即無須負起相關的責任」❸❶，只是作者仍以為，即使民法第一一〇條的無過失責任，有時確實會對無權代理人課以過嚴的結果，但是較於相對人在無權代理情況下所遭受的損害，該損害的分配，仍應是加諸於無權代理人較為適宜，而不應轉嫁給相對人，因為畢竟事情是因無權代理人而起，而且無權代理人較於相對人，應更容易可以查知自己是否擁有代理權限❸❷，如果要任何以客觀第三人立場善意認為代理人擁有代理權，並而與之為代理行為，但卻要承受整個無權代理的損害結果，勢必嚴重威脅交易安全❸❸。

此外，也有學說❸❹以為，如果代理人已經向相對人明白交代自己的代理權來源事實，則相對人就必須對代理權來源的事實，負起自己的判斷上的錯誤結果，而不能主張無權代理責任。只是作者對此仍持質疑態度，而認為應視個案決定，因為基於信賴責任原理，責任的歸屬及損害分配，關鍵仍在於重要的價值判斷原則：「肇因原則」及「善意信賴原則」❸❺，就前者而言，造成信賴損害原因的最初行為人，必須承擔損害結果，就後者而

---

❸⓿　Canaris, Vertrauenshaftung, S. 535, Fn. 53.

❸❶　讀者可以回顧導讀中的案例，即使是畢聯會主席 A 自己也不知道，畢聯會選舉程序有瑕疵，故選舉無效，因此自己自始未曾取得代理權。

❸❷　參閱 Prölss, JuS 1986, 169。

❸❸　相同結論：MünchKomm/Schramm, §179 Rdn. 3a.

❸❹　Erman/Brox, §179 Rdn. 18.

❸❺　參閱第五章❷。

言，第三人必須有善意信賴保護的必要，因此如果不是善意的第三人，當然也就不能主張信賴保護，因此或許在個別的案例上，當代理人已經向相對人明白交代自己的代理權來源事實，而該事實足以讓客觀第三人懷疑代理權的存在與否，此時不排除第三人就該質疑代理人的代理權（但不是通案一概必須如此），如果第三人因過失而未能質疑，自也不能主張信賴保護（參照民法第一一〇條原文），例如德國聯邦最高法院❸❻就認為，當法定代理人的代理權所根據的法律有違憲之虞時，第三人就必須對此加以懷疑，而不能對法定代理人主張無權代理責任。但也僅限於代理人所傳達的事實客觀上有受質疑的情況，如果客觀上並無代理權存在與否的質疑情況，則仍應課以無權代理人無過失責任才是。

有爭議的是，如果有（善意）遺囑執行人向相對人出示遺囑，表明自己的代理權，但事後證明該遺囑實屬偽造，相對人能否向該「遺囑執行人」主張無權代理責任？雖有學說❸❼認為，此時應將損害賠償轉嫁給相對人，但作者以為，仍應視個案情形決定，端視個案客觀上有無情況可以讓第三人質疑該遺囑的有效性與否？若無，則對於兩個都無過失的無辜之人的保護，作者仍較傾向於保護第三人，因為畢竟事情仍是肇因於該「遺囑執行人」主動以代理人身分和相對人為代理行為，自應由其承擔無權代理的風險。但如果是本人親自向相對人表示授與代理權的「外部授權」❸❽，此時不同於（無權）代理人基於一般的「內部授權」而主動向相對人表示自己是代理人，在「外部授權」的情形，「代理權授與」的表象已經不是（無

---

❸❻ BGHZ 39, 45, 51.

❸❼ Soergel/Leptien, §179 Rdn. 2. 另有學說建議，此時遺囑執行人可以對相對人表示，自己也無法可以確認遺囑的正確性與否，如果相對人仍繼續和遺囑執行人為法律行為，則相對人就是將自己陷於危險之中，而應自己承受不利益結果：參閱 MünchKomm/Schramm, §179 Rdn. 3a。

❸❽ 參閱第四章、壹、三、㈢、2。

權）代理人所引起，因此無權代理人也就不須對所可能引起的損害，負起表象信賴責任。相反地，是相對人自己信賴「外部授權」表象，故而才和代理人為法律行為，因此就應相對人自己承擔起風險才是，而不能再向純然無辜的代理人主張無過失的無權代理責任❸❾。

二、適用範圍

民法第一一〇條具有擴大類推適用的可能性，例如可以被類推適用到「使者」、「冒名」、「隱藏的為他人行為」❹⓿及「死後代理」❹❶，例如 A 委任 B 處理事務，並授與 B 代理權，就在 B 和相對人 C 為代理行為時，A 去世，故 B 的代理權消滅（參照民法第五五〇條），因此 B 必須對 C 負起無權代理責任，除非 A 的繼承人 D 願意承認該無權代理行為。同樣地，如果公司發起股東 E 以尚未成立的公司組織名義，和相對人 F 訂立法律行為，則在公司組織成立後，應單獨由公司組織負起法律責任❹❷，但如果公司組織之後因故不能成立，則應類推適用民法第一一〇條，由發起股東負起無權代理責任，當然根據德國聯邦最高法院的正確意見❹❸，此時發起股東不能主張，相對人明知公司組織尚未成立卻與之為法律行為，故欠缺信賴保護，而不能主張無權代理責任，這是因為相對人在公司組織尚未成立之際，既不能根據民法第一七一條撤回其意思表示，也不能根據民法第一七〇條

---

❸❾　參閱 Canaris, Vertrauenshaftung, S. 535, Fn. 53. 不同意見：Soergel/Leptien, §166 Rdn. 22。

❹⓿　請分別參閱第二章、貳、二；第三章、壹、三；貳、二。

❹❶　參閱第四章、貳、五。

❹❷　但亦有認為應類推適用公司法第一五〇條，而由行為股東 E 及合夥組織負起連帶責任，參閱王澤鑑，《民法總則》，第 197 頁；史尚寬，《民法總則》，第 140 頁。對此請參閱劉昭辰，《民法總則實例研習》，例題 6【愛樂交響樂團】。

❹❸　BGHZ 69, 95, 101.

第二項請求本人（尚未成立的公司組織）確答承認，而公司發起股東既然以將來的公司組織為名義訂立法律行為，就必須盡力讓公司組織成立，否則就應由公司發起股東單獨承擔責任才是，而不是將損害加諸於相對人，危害交易安全❹。

三、責任範圍

必須特別向讀者提醒，在適用民法第一一〇條時，最有爭議的是：我國民法第一一〇條並無如德國民法第一七九條❺規定般，將無權代理人的責任區分成「**無權代理人明知無權代理**」及「**無權代理人因過失而不知無權代理**」兩種責任型態，雖然如此，但我國仍有學說❻主張也應採德國民

---

❹ 並請參閱上述壹、三的最後部分。

❺ §179 BGB lautet: "Wer als Vertreter einen Vertrag geschlossen hat, ist, sofern er nicht seine Vertretungsmacht nachweist, dem anderen Teil nach dessen Wahl zur Erfüllung oder zum Schadensersatz verpflichtet, wenn der Vertretene die Genehmigung des Vertrags verweigert. Hat der Vertreter den Mangel der Vertretungsmacht nicht gekannt, so ist er nur zum Ersatz desjenigen Schadens verpflichtet, welchen der andere Teil dadurch erleidet, dass er auf die Vertretungsmacht vertraut, jedoch nicht über den Betrag des Interesses hinaus, welches der andere Teil an der Wirksamkeit des Vertrags hat. Der Vertreter haftet nicht, wenn der andere Teil den Mangel der Vertretungsmacht kannte oder kennen musste. Der Vertreter haftet auch dann nicht, wenn er in der Geschäftsfähigkeit beschränkt war, es sei denn, dass er mit Zustimmung seines gesetzlichen Vertreters gehandelt hat." 中文翻譯如下：「凡是無法證明擁有代理權，而以代理人地位訂立契約者，而且本人也拒絕承認時，相對人可以選擇請求代理人履行或損害賠償。如果代理人不知代理權的瑕疵，則必須賠償相對人因信賴代理權所發生的損害，但損害賠償數額不得超出相對人在有效代理權下所能獲得的利益。如果相對人明知或可得而知代理權的瑕疵，代理人則不負責任。限制行為能力的代理人亦無須負責，除非其代理行為得到法定代理人的同意」。

法的區分，劃分無權代理人的責任。對此見解，本書則採比較保留的態度，因為固然德國民法的區分無權代理人責任，不排除具有其實質的合理性，但是如此的區分卻在民法第一一〇條的原文上，並無任何絲毫根據，是否法律人可以自行確立如此的價值判斷，而無侵害立法權限之虞？不無疑問。而在民法第一一〇條條文文意對損害賠償範圍，並未有明確規範下，則應回歸損害賠償的原理加以判斷才是，即無權代理人應負回復到如同傷害行為未曾發生之狀態，換言之，無權代理人應負如同未為無權代理行為時之責任，而如未有無權代理行為，則相對人就不會有訂約行為，故無權代理人應負信賴利益之損害賠償責任❹。但為使讀者在閱讀其他教科書時，不致產生困擾，因此本書以下也繼續就「無權代理人明知無權代理」及「無權代理人因過失而不知無權代理」兩種責任型態，加以說明。

㈠無權代理人明知無權代理

德國民法規定，如果無權代理人明知無權代理，但卻仍和善意相對人為法律行為，善意相對人可以選擇**請求無權代理人必須自為履行行為**，或是**請求無權代理人為（金錢）損害賠償**。換言之，無權代理人在明知無權代理的情況下，卻和相對人為法律行為，無權代理人當然就可以預見也必須接受，善意相對人所可能引發的交易上信賴失望的結果，故必須負起履行利益的實質賠償責任。條文雖然只言「明知」，但是一般以為❹，如果代

---

❹ 王澤鑑，《民法總則》，第 527 頁；李淑如，《民法總則》，第 380 頁；邱聰智，《民法總則（下）》，第 213 頁；洪遜欣，《中國民法總則》，第 506 頁；陳自強，《契約之成立與生效》，第 335 頁。

❹ 林誠二教授之結論可茲贊同：參閱〈民法上信賴利益賠償之研究㈣〉，《法學叢刊》，第 73 期，第 40 頁。陳自強教授（《契約之成立與生效》，第 335 頁）認為民法第一一〇條的無權代理責任是「法定擔保責任」，故無權代理人應負履行利益賠償，應是對「法定擔保責任」理論有所誤解，因為「法定擔保責任」是無過失責任法理的一種，而根本無涉於損害賠償種類及範圍之問題。

理人曾向相對人擔保確實擁有有效的代理權，或是曾和相對人以契約約定保證代理權的存在，而事後卻證實無權代理，則代理人都應等同「明知」無權代理而負起責任。

相對人可以選擇對無權代理人主張「履行」或是「（金錢）損害賠償」，此一選擇關係的實行，可以類推適用民法「選擇之債」的相關規定，例如相對人的「選擇」應以意思表示向本人為之（參照民法第二〇九條第一項），而相對人也必須受自己的一次選擇拘束，而不得再變更。如果「履行」已不可能，則相對人的選擇自僅能就「（金錢）損害賠償」而存在（參照民法第二一一條）。無權代理人得定相當期限催告相對人行使選擇，如相對人不於所定期限內行使選擇者，選擇權移屬於無權代理人（參照民法第二一〇條第二項）。

1.履　行❹

相對人首先可以考慮,選擇請求明知無權代理的代理人負起履行責任。所謂的「履行」不是指請求代理人必須繼續斡旋在本人間，嘗試繼續完成代理行為的訂立，而是指無權代理人必須就代理行為的內容，根據法律規定強制向相對人為給付，使相對人取得一個和代理行為內容相同的**「法定履行請求權」**，但同時相對人也必須按原先的代理行為內容，為自己的對待給付，自不待言。雖然經由相對人的主張「履行」，因此在無權代理人和相對人間成立一個「法定債之關係」，但如此並不意謂無權代理人即成為相對人的契約當事人❺。換言之，無權代理人不能基於該「法定債之關係」，以「契約當事人地位」先於相對人而積極主動請求相對人履行「契約」義務，

---

❹ 參閱 MünchKomm/Schramm, §179 Rdn. 26。

❹ 只是我國民法第一一〇條卻僅規定，相對人得向無權代理人主張「損害賠償」，因此似乎相對人就只能請求「履行利益金錢損害賠償」，而不包括可以請求無權代理人「履行」。

❺ 參閱 BGH v. 19. 11. 2003 XII ZR 68/00。

這是因為「履行」是相對人對無權代理人的權利主張，而不應成為無權代理人的「權利」之故❺。

但是當相對人請求無權代理人履行義務時，不排除無權代理人可以主張相對人必須同時為對待給付的「**同時履行抗辯**」（參照民法第二六四條第一項），此外無權代理人當然也可以主張相對人的履行請求權已罹於時效，而拒絕給付。在無權代理人履行完畢後，並由相對人處取得對待給付，不排除無權代理人也可以就對待給付的瑕疵，向相對人主張瑕疵擔保。但相對人既然是要無權代理人強制履行，則該「履行請求權」本質上就必須有被無權代理人履行的可能性，因此如果無權代理人無權代理的是高度身分行為，而具有履行上的高度專屬性，例如僱傭契約，則當然相對人就無得主張選擇「履行」之效果，此時相對人只能選擇以下的「（金錢）損害賠償」而已；或是代理人無權代理本人為「物權行為」，事後也未得到本人承認，則此時相對人能向無權代理人請求者，也不是物權行為的「履行」，因為代理人自始欠缺處分權限而無法履行，相對人的權利應僅限於（金錢）損害賠償請求而已。

2. 金錢賠償

如果相對人不選擇履行，而是選擇損害賠償，則無權代理人即必須就代理行為的**履行利益**❺為金錢賠償，其額度計算以民法第二一三條以下的「**差額說**」❺加以認定。

---

❺ 參閱 Larenz/Wolf, Allgemeiner Teil des BGB, §49 Rd. 20。

❺ 履行利益是指，在契約有效被履行下，債權人所能獲得的利益，例如買受人如果能夠順利購得出賣人的汽車，則轉手所能獲得的利益就是履行利益。代理人明知無代理權卻為代理行為，相對人就可以主張如果在有權代理下，契約就會有效成立，相對人因該有效成立的契約所能獲得的利益，就是履行利益。

❺ 履行利益損害賠償的額度，是以「差額說」計算其數額，即以如果契約有效被履行時，債權人所能獲得的財產利益，和債權人現有的財產利益狀況互為比

　　因為相對人對無權代理人主張的「履行利益賠償」，本質上並不同於先前相對人和本人所訂立的無效契約，因此原先如果存在有對該契約的擔保（例如物保或人保），該擔保並不及於（我國）民法第一一〇條的「履行利益賠償」，甚至代理人在代理行為中和相對人約定有關的「仲裁條款」，也不及於（我國）民法第一一〇條的「履行利益賠償」**❺❹**。

　　相對人對無權代理人主張的「履行利益賠償」，本質上是對無效代理行為的賠償，因此相對人就不能取得比無效的代理行為更多的利益，故通說**❺❺**認為如果本人陷於無資力，則相對人也不能向無權代理人請求「履行利益賠償」，唯德國 Medicus 教授**❺❻**則持質疑態度，其認為如此不啻意謂相對人既要承擔本人，也要**承擔代理人無資力的雙重風險！**對此爭議，本書亦採通說見解，因為按民法第一一〇條的信賴責任原理，無權代理人本應回復相對人因信賴代理權限所應得的利益，而按原本代理行為的假設及實現下，相對人本就會因本人的無資力而無法取得代理行為的實質履行利益，則相對人向無權代理人主張民法第一一〇條的效果，當然也就必須考量該結果。

　　可能有所質疑的是：何以相對人必須承擔無權代理人的無資力風險？這是因為無權代理的責任義務人是「無權代理人」，因此相對人就只能向無權代理人求償，自然也就必須承擔無權代理人的無資力風險，而相對人必須承擔無權代理人的無資力風險，並無法正當化相對人可因此取得比原來代理行為更多的利益**❺❼**，亦即無法正當化相對人無須承擔本人的無資力風

　　較，兩者之間的差額即是履行利益。

❺❹　參閱 BGH NJW 1977, 1397.

❺❺　Erman/Brox, §179 Rdn. 8, 9; Palandt/Heinrichs, §179 Rdn. 1.

❺❻　Medicus, Allgemeiner Teil des BGB, Rdn. 987.

❺❼　同樣地，在本人拒絕承認的無權代理下，基於「相對人不能取得比原代理行為更多的利益」的考量，如果代理行為存在有意思表示瑕疵得撤銷的情形，（無權）代理人也可以對相對人主張撤銷效果，而最終規避自己的民法第一一〇條

險❸。最後，相對人之所以必須承擔「雙重風險」，實是基於無權代理行為「三方關係」下的結果，吾人可以以下列情況加以類比：無資力的 A 無權代理無資力的 B，並同時以 A 自己名義和 C 訂立契約。C 可以向 A 請求「履行」，但必須承擔 A 的無資力風險，而 C 同時也必須承擔 B 的無資力風險，結果在 A、B 都無資力的情況下，C 將一無所有，該結果符合上述的通說意見，而無疑義。

㈡無權代理人不知無權代理

如果無權代理人不知自己所為的代理行為是無權代理，則僅須負起信賴利益❸賠償責任，至於無權代理人有無過失而不知自己無權代理，則在所不問，而且一般認為❻，**無權代理人的信賴利益賠償責任，應受限於履行利益額度，因為相對人不應取得比代理行為有效時更多的利益。**

比較有爭議的是，此處信賴利益賠償請求權的**消滅時效**期限多久？最高法院五十六年臺上字第三○五號判例認為應以一般十五年為認定：「無權代理人責任之法律上根據如何，見解不一，而依通說，無權代理人之責任，係直接基於民法之規定而發生之特別責任，並不以無權代理人有故意或過失為其要件，係屬於所謂原因責任、結果責任或無過失責任之一種，而非基於侵權行為之損害賠償。故無權代理人縱使證明其無故意或過失，亦無

無權代理責任，但必須注意相關的損害賠償責任，例如民法第九十一條。

❸ Prölss, JuS 1986, 169, 171.

❺ 信賴利益是指，債權人在契約無效下因而所遭受的財產利益減損，例如所徒然支出的運費。代理人不知無代理權，但卻為代理行為，相對人就可以主張因契約無效，自己卻支出許多無益的費用，此等費用的賠償即是信賴利益賠償。信賴利益賠償的額度也是以「差額說」加以計算：即如果相對人從未參與交易的情況下，所可能會有的財產狀況，和相對人因契約無效而造成的現有財產利益減少狀況，互為比較，兩者之間的差額即是信賴利益賠償額度。

❻ 最高法院五十六年臺上字第三○五號判例。

從免責，是項請求權之消滅時效，在民法既無特別規定，則以民法第一百二十五條第一項所定十五年期間內應得行使，要無民法第一百九十七條第一項短期時效之適用，上訴人既未能證明被上訴人知悉其無代理權，則雖被上訴人因過失而不知上訴人無代理權，上訴人仍應負其責任」。但作者以為應和代理行為的消滅時效期間等同待之，如代理行為有較短的消滅時效適用，則民法第一一〇條的消滅時效亦應適用短期時效，因為民法第一一〇條的無權代理損害賠償請求權，本質上是請求代理行為履行未果的補償，故經濟上可以被認定是取代原代理行為的請求權，因此基本上應和代理行為有相同效果才是，故無權代理所生的損害賠償請求權，消滅時效也應和代理行為一致才是，否則原本在代理行為有效的情況下，相對人的代理行為請求權應在短期時效經過而消滅，但相反地卻在有不樂見的意外情況發生後，請求救濟的消滅時效反而增長為十五年！如此因為不樂見情況發生，反而得利的情況，不免有違一般價值判斷**❻**。至於時效的起算時點，根據民法第一二八條規定「消滅時效，自請求權可行使時起算」，因此應以**代理行為確定無效時起算**，例如應以本人拒絕承認時起算。

四、責任排除

(一)相對人的明知或因過失而不知

　　根據民法第一一〇條規定，只有善意的相對人才能向無權代理人主張無權代理責任。如果相對人明知無權代理，或是基於一般過失而不知無權代理，即非善意，即使無權代理人明知自己無權代理而和相對人為代理行為，惡意相對人仍不能向無權代理人主張民法第一一〇條責任。一般而言，相對人並無向本人求證、探詢的義務，因此並不能一概以相對人未曾向本人求證為由，而否定相對人的善意，唯有當客觀情狀足以使第三人懷疑代

---

❻　參閱劉昭辰，《民法總則實例研習》，例題49【太魯閣號火車】。

理權存在時，相對人始有進一步向本人查探的義務。至於相對人善意的判斷時點，以代理行為成立時為準，事後的明知或可得而知，都不會影響已經成立的善意，例如代理行為附停止條件，在條件成就前，相對人得知無權代理事實，則仍不妨礙相對人的善意判斷，因為相對人實對條件的成就並無影響力之故。

㈡行為能力的保護

對於無權代理人的責任討論，必須特別注意行為能力的保護❻。如果無權代理人是無行為能力人，就根本無須負起民法第一一〇條責任，但如果是限制行為能力人，則須視其代理行為有無事先獲得法定代理人的允許，或是得到事後的承認，始須負起民法第一一〇條的無權代理責任，這是因為民法第一一〇條的無權代理責任是替代原先的代理行為責任，此可由相對人可以向無權代理人主張「履行」責任，清楚可知，而無行為能力人根本就無從自為「履行」法律行為並負起法律行為責任。限制行為能力人唯有在法定代理人的「同意」下，始有能力負起法律行為責任，因此雖然民法第一一〇條並未有明文規定，無行為能力人或限制行為能力人無須負起無權代理責任，但基於**民法的行為能力保護原則**（甚且民法規範清楚表述立法者對行為能力的保護重於交易安全），民法第一一〇條的責任要件自應當做此解釋，始符合民法原理及體系，法官此時應基於民法的行為能力保護原則，積極主動造法（**法官造法**），以體現民法的價值判斷❻。

---

❻ 參閱陳自強，《契約之成立與生效》，第 336 頁；鄭冠宇，《民法總則》，第 398 頁。

❻ 但不排除無行為能力人或限制行為能力人仍必須對相對人負起民法第一八七條的侵權行為責任。

第六章

表見代理[1]

壹、概　說

代理人在代理權限內，以本人名義所為的意思表示，對本人發生效力（參照民法第一○三條）。代理人無代理權限或逾越代理權限所為的代理行為，是為無權代理，但如果本人以其行為讓外界第三人誤以為代理人是在其代理權限內為代理行為，基於**第三人的交易安全信賴保護**，則代理人仍被視為是有權代理，本人必須對該代理行為負起責任，因為整個信賴事件乃肇因於本人的行為，自然應由本人負起行為結果才是，至於本人主觀上有無意思要為代理權授與，則非所問。民法第一六九條即明白規定：「由自己之行為表示以代理權授與他人，或知他人表示為其代理人而不為反對之表示者，對於第三人應負授權人之責任。但第三人明知其無代理權或可得而知者，不在此限」，學說❷將此「**對代理權授與所產生的信賴責任**」稱之為「**表見代理**」。在「表見代理」的情況，雖然本人並無意授與代理權，但是卻必須負起本人責任，其正當化的理由在於❸：本人先前曾為一行為，

---

❶　國內有關表見代理責任的最完整及最具體系性的論述，請參閱陳忠五，《表見代理之研究》，國立臺灣大學法律學系碩士論文，1989 年。

❷　參閱王澤鑑，《民法總則》，第 531 頁。

❸　例如許多法律人不理解的是，何以動產善意取得規定卻不適用於「盜贓、遺失物」（參照民法第九四九條），特別是如果原物所有權人因自己的過失，未能妥善保管原物，而致使標的物被竊並流至市面，相較之下，無過失的善意第三人因而受讓，（兩年內）但卻仍不能主張善意取得？這是因為盜贓、遺失物的原物所有權人，自始欠缺存在一個「有意識將標的物流至市面」的行為，而單是保管標的物過失不慎，致使標的物遭竊，明顯不足以被外界認定存在「有意識將標的物流至市面」的行為表象，因此法律也就自始欠缺正當化理由，要求原物所有權人必須受其行為表象拘束，故也難以建立原物所有權人的「行為表象責任」。總之，要求當事人必須受自己行為拘束，並對自己行為負起表象責任，其前提當然必須是當事人曾有意識的做了一個「行為」，而該行為導致外界客

而該行為卻被外界誤認有代理權授與的「表象」，在利益衡量及價值判斷上，法律傾向必須保護善意的外界第三人，因為整個事件是肇因於本人的行為，因此本人就必須承受整個事件的結果，而不是讓善意信賴本人行為表象的第三人承擔不利益，故本人必須受其行為表象的拘束，而負起符合行為表象的法律責任（所謂「**法律表象責任**」）❹。

同理，本人先前確實曾以意思表示為代理權授與，但在代理權因撤回或是其他事由消滅後，本人卻未以適當行為使外界周知，致使外界善意第三人仍誤以為代理繼續存在，此時本人也必須負起相關的法律表象責任，民法第一○七條對此有相關的規定：「代理權之限制及撤回，不得以之對抗善意第三人。但第三人因過失而不知其事實者，不在此限」，學說❺將此「**對代理權繼續存在所產生的信賴責任**」稱之為「**狹義無權代理**」。

本人基於表見代理抑或狹義無權代理所必須承擔的「法律表象責任」，

觀善意第三人的不利益，因此法律始有正當化理由要求當事人必須受到該行為表象的拘束，一則以保護交易安全，一則乃因事件自始「肇因」於當事人行為之故（德國學說將責任歸屬於「肇因者」承擔的法律思維稱為 "Veranlassungsprinzip"）。因此如果當事人根本欠一個有意識的行為存在，例如僅是保管標的物不慎，即使因而導致外界第三人的不利益，充其量當事人只是須負起損害賠償責任而已，而不是須負起「行為表象責任」，並受其表象行為拘束。

❹ 德文 "Rechtsscheinhaftung"，學說多譯為「權利外觀責任」，作者以為應譯為「法律表象責任」，始較為妥切，因為此處的 Recht 似應指 "objektives Recht"（法律）而非 "subjektives Recht"（權利），典型例子如民法第一六九條的 Rechtsscheinhaftung，本人必須對不具權利性質的「表見代理」負起「法律表象責任」，而非「權利外觀責任」。相對於「法律表象責任」，如果行為人為自己的意思表示負起法律責任，則稱之為「法律行為責任」(Haftung des Rechtsgeschäfts)。

❺ 參閱王澤鑑，《民法總則》，第 530 頁。

適用於意定代理，已如上述，自無疑義。問題是，可否適用於法定代理？必須分別加以討論。例如① A 是小孩的寄養家庭褓母，但深愛該小孩，故常以母親（或監護人）姿態出現，而外界也誤以為 A 是小孩的母親（或監護人），雖然如此，本例仍無「表見代理」或是「狹義無權代理」的信賴保護適用，換言之，凡是和表見法定代理人為法律行為者，必須自負風險❻。② B 是某合夥組織的執行業務股東，根據民法第六七九條對他合夥人自就具有法定的代理權限（但條文原文卻誤為「代表權」），則一旦 B 加入合夥契約未有效成立，但卻仍代理合夥人為法律行為，合夥人自也必須負起「表見代理責任」。③ C 剛被選為公司董事，但卻尚未為董事登記，即代表公司為法律行為，事後發現選舉無效，但公司仍必須對 C 所為的法律行為，基於「表見代理」的同樣法律思維，負起法律表象責任，以維護第三人信賴及交易安全。

貳、狹義無權代理

　　民法第一○七條規定：「代理權之限制及撤回，不得以之對抗善意第三人。但第三人因過失而不知其事實者，不在此限」，是為「狹義無權代理」。一般初學者不易理解該條文，建議初學者應和民法第一○九條一起閱讀及運用，會較容易理解。民法第一○九條規定：「代理權授與如以書面為之，代理權撤回或消滅時，須取回授權書。如未取回授權書，而致使第三人相信代理權仍存在，本人須負代理責任」，舉例言之，D 曾以代理權證書交付給代理人 E，以授與代理權（內部授權），一旦 D 撤回代理權或是代理事務已經結束，雖然代理權就隨之立即消滅（參照民法第一○八條），但此時民法第一○九條卻建議 D 應取回授權書，否則 D 如未取回授權書，而讓 E 繼續占有授權書，並以該授權書繼續向第三人表示是 D 的代理人，而致使

---

❻　參閱最高法院一○一年臺上字第一一二七號判決。

第三人善意相信代理權仍繼續存在，D 就必須根據民法第一〇九條負起本人責任，因為根據民法第一〇七條規定，代理權的撤回不得對抗善意的第三人。換言之，民法第一〇七條是對信賴代理繼續存在的「概括」法律表象責任規定，而民法第一〇九條則是其「具體」案例適用的表現。

　　而如果以抽象的法律理論說明及架構民法第一〇七條所要表現的「對代理權繼續存在所產生的信賴責任」，則可以以下列構成要件加以表述：①本人（先前）曾為一代理權授與行為，②致使第三人相信代理權有效存在，③但本人卻未以合理適當方式使第三人知道代理權已撤回及消滅。換言之，在檢查本人是否必須對第三人負起「對代理權繼續存在所產生的信賴責任」時，法律人必須檢查以上三個要件，以架構本人責任。以下即就個別具體的「狹義無權代理」加以說明：

一、民法第一〇九條

　　根據民法第一〇九條規定，如果本人以書面授權書交付代理人，而代理人向第三人出示**授權書**（上述要件①）❼，致使第三人相信代理權的存在（上述要件②），則當代理權因故消滅時，本人必須及時取回授權書（上述要件③），否則就必須對善意第三人負起表象信賴責任。本條文充分展現立法者認為「**代理權書面授權證書**」的出示第三人，法律價值判斷上就有如「外部授權」般，因此本人尚須以適當的方式除去如同外部授權表象的授權證書，始能終極免除本人責任。

　　就要件①的討論，民法第一〇九條的授權書，僅指授權書的正本或本人所認可的複本，並不被本人所認可的影印本或是傳真並不包括在內❽，

---

❼　就實務案例上，例如臺北市政府要和遠雄企業重啟對大巨蛋合約的談判協商，市府就可以要求遠雄企業的談判人員，應攜帶遠雄企業所簽署的「授權書」，以證明確實取得談判協商的代理權。當然遠雄企業也可以在授權書中，載明授權的範圍及限制等等。

當然此處所謂的代理權證書，不須以簽名、蓋章為必要，亦不須有正式書以「代理權」三字為必要，凡是藉由有體的客體而足以讓第三人相信有代理權授與者，皆有所適用，典型例子如公司的大小章。適用民法第一〇九條時，必須注意的是該授權書必須是由本人交付給（表見）代理人（條文原文：「代理權授與如以書面為之」），始足當之，當然也包括代理人獲得本人同意而自製代理權授與證書的情況。

代理權授與證書的交付是一準法律行為❾，故也須有行為能力，而且因為授權證書就如同有外部授權的效果，因此學說❿認為本人也可以基於「交付授權書」的意思表示錯誤或是受詐欺、脅迫而撤銷。必須注意的是，民法第一〇九條並不適用於被偽造⓫、變造的代理權授與證書，也不適用於授權書並非基於本人意思而交付給他人的情況，例如**他人拾得授權書**，或是**趁機偷走授權書**，善意第三人都不能因而主張適用民法第一〇九條，而要求本人必須負起相關的法律行為責任，這是因為此時代理權授與證書並不是基於本人的意思，交付給代理人而流入交易市場之故，因此本人欠缺一個**可以被歸咎並進而產生信賴責任的「行為」存在**⓬，故在欠缺其他

---

❽ 參閱 Larenz/Wolf, Allgemeiner Teil des BGB, §48 Rd. 10。吾人可以想像，代理人會如何的影印數千份代理權授與證書,結果將造成本人無法根據民法第一〇九條取回如此為數眾多的代理權授與證書。

❾ 參閱 Palandt/Heinrichs, §173 Rdn. 1。

❿ 參閱 Palandt/Heinrichs, §173 Rdn. 1。

⓫ 參閱臺灣高等法院臺南分院一〇二年上易字第二六七號判決：偽造印章。

⓬ 參閱上述❷。但必須強調，在一些具有高度流通性及交易安全保護性的客體上，當有另外的考量，例如民法第七二一條第一項規定：「無記名證券發行人，其證券雖因遺失、被盜或其他非因自己意思而流通者，對於善意持有人，仍應負責」，或是票據法第十一條第二項規定：「執票人善意取得已具備本法規定應記載事項之票據者，得依票據文意行使權利」，並參閱劉昭辰，《民法總則實例研習》，例題 43【印章遺失之責任】。

例如「締約上過失」的請求權基礎之情況下，本人非但無須負起信賴表象責任，亦無須負起任何的損害賠償責任❸。就要件②的討論，唯有第三人因藉由代理人現仍占有授權書，而善意相信有權代理，始受保護，如果第三人明知或是因過失而不知代理權已經消滅，則就無受信賴保護的必要。而代理人如果並未現實占有授權書，以至於亦無法向相對人出示授權書，但卻向相對人表示，自己曾向公務機關出示授權書，只是該授權證書被公務機關存檔，如此的說詞並不足以適用民法第一○七條，實因第三人善意相信不足之故❹。

就上述要件③的討論，本人必須在代理權因故消滅時，取回授權書，以消滅外界信賴代理權存在的表象，否則本人就必須負起法律表象責任，而代理人則不能藉故留置不還，也不能以提出擔保或是以「提存」授權書為抗辯，而拒絕返還，同樣代理人也不能以本人尚未給付報酬而主張同時履行抗辯，拒絕返還授權證書，而如果代理人基於證明或是檔案整理需求，而有保留代理證書紀錄的需要，則可以向本人請求開具收據或是相關證明文件，但仍不得留置代理權證書。如果授權書中所載明的代理人有數人時，則必須以全部代理人的代理權都消滅時,本人始能向全體代理人請求取回，否則如果僅有個別的代理人的代理權消滅，本人則僅能在授權書中加以註記而已。雖然代理人只要曾一次出示授權證書於相對人，而致使相對人相信代理權的存在，代理人就無須在以後的代理行為再出示授權書，但一旦

---

❸ 但德國教授 Canaris (Vertrauenshaftung, S. 487, 548) 卻認為，此時本人應類推適用德國民法第一二二條（相當於我國民法第九十一條），對善意第三人負起損害賠償責任，因為其認為「偷走授權書」或是「拾得授權書」實和「詐欺」或「脅迫」的情況相當。但其實德國民法第一二二條僅規定意思表示錯誤撤銷的賠償責任，卻未規範意思表示受詐欺或脅迫撤銷的賠償責任，因此其論點不無疑問。

❹ 本例參閱 MünchKomm/Schramm, §172 Rdn. 5。

本人根據民法第一〇九條取回授權書，法律上就已經消滅代理權存在的表象，則本人也就無須再對之後的代理行為負責，而相對人也無得對其後的代理行為主張信賴保護，而只能向代理人主張無權代理的救濟❶。

最困擾的是，當本人欲向代理人主張取回授權書，代理人往往會表示授權證書已經遺失，則本人應尋求以適當方式消滅代理權繼續存在的表象，以維護第三人的交易安全信賴，而通常適當的方式是指以公告的方式加以消滅信賴表象，例如登報遺失授權證書，而原本最具公信力的方式應屬民事訴訟法的**公示催告程序**及**聲請除權判決**，但該等程序卻受限於我國民事訴訟法第五三九條規定，僅以得依背書轉讓之證券或法律有規定者為限，故作者在此建議應有修法必要，例如可以在民法總則明文規定，代理權授與證書的遺失，亦有民事訴訟法的公示催告程序及聲請除權判決的適用。

二、向外界通知公告代理權授與

民法第一〇七條的「狹義無權代理」，絕不僅限於民法第一〇九條的具體案例而已。實務上也常見，本人以對外公告的方式，例如以登報的方式，向外界（不特定人）表示授與代理權給代理人（上述要件①），而致使外界第三人信賴代理權的存在（上述要件②），因此當代理權因故消滅時，本人也就必須以適當的方式消滅該信賴表象（上述要件③），例如在此以登報方式（相同版面大小），或是直接告知第三人代理權已經消滅。

值得注意的是，通常本人早在向外界公告前，就已經以內部授權方式授與代理權給代理人，因此對外公告代理權授與，法律性質上往往並不是「外部授權」，而僅是具有向外強調並通知代理權授與的涵意而已，但雖然如此，在法律的價值判斷上，內部授權的外部公告，實則等同外部授權，因此第三人對於外部公告的信賴，也應等同有效的外部授權般地受到保護，

---

❶ 參閱 MünchKomm/Schramm, §172 Rdn. 8 aE, 12。

如果事後發現內部授權無效，則本人仍必須就其對外公告代理權，對善意第三人負起信賴責任，自不待言。

本人對外公告代理權授與，性質上不是「外部授權」的意思表示，而是一種準法律行為，仍有行為能力的適用，故要求本人須有行為能力，始須對此公告負信賴責任。而即使對外的公告不是意思表示，但學說仍要求公告人（本人）必須於公告代理權時具有「**通知意識**」（或**表示意識**）❶，換言之，本人於公告行為時，必須具有清楚的意識，知道自己正在做一個通知代理權存在的行為，本人若欠缺如此的「通知意識」，例如本人僅向相對人表示「A 是一位非常好的經理人，代理本人完成許多代理行為」，相對人遂進而與 A 為代理行為，則無民法第一○七條「狹義無權代理」的適用，本案充其量只能適用下述民法第一六九條的表見代理中的「容忍代理」理論：相對人只能主張自己長期以來和 A 為代理行為，而本人明知此情況卻未為反對之意思，故須負起本人責任。

外部公告的另一問題是，如果公告的內容大於內部授權內容時，應如何處理？基於信賴責任及交易安全保護原理，當然本人必須對所有公告的內容負起信賴責任，此外也不排除公告的內容本身發生錯誤，或是受到詐欺、脅迫，此時通說❶認為，雖然對外公告代理權的性質不是「外部授權」的意思表示，但畢竟極為接近「外部授權」，因此不排除本人可以類推適用相關的意思表示撤銷規定，主張對外公告代理權的瑕疵，加以撤銷，而撤銷意思表示的相對人是被通知人（或是不特定第三人）❶，但必須對其負

---

❶ 通知意識或是表示意識德文是：Mitteilungs- oder Erklärungsbewußtsein。

❶ 例如 Flume, Allgemeiner Teil des BGB II, §49 2 c; Palandt/Heinrichs, §173 Rdn. 1。但少數說 (Erman/Brox, §171 Rdn. 3) 卻認為僅是準法律行為的「外部通知」所造成的是「法定信賴責任」，因此不能撤銷。只是少數說似乎過度拘泥於「概念法學」，而且價值判斷上也忽略，如果真正的外部授權意思表示可以被撤銷，則外部通知的效果就不應比外部授權更加嚴格才是。

起民法第九十一條的損害賠償責任。

最後，相對人必須在明知有外部公告下，並進而和（表見）代理人為代理行為時，始能主張民法第一〇七條的保護。換言之，相對人的信賴和本人的外部公告間，必須具有**因果關係**，始足當之，如果相對人根本不知有外部公告，即使和（表見）代理人為代理行為，或是相對人先和無權代理人為一代理行為，事後才得知代理權公告事項，則本人仍無須負起信賴責任。當然民法第一〇七條的因果關係被推定，而必須由本人反證，相對人訂立法律行為和其對外公告代理權間並無因果關係**⓳**。

三、外部授權

如當本人對相對人為外部授權，例如本人親自向相對人表示，授權 A 為全權代理人，則即使在事後本人向 A 表示撤回代理權，或是終止 A 的委任契約，使得代理權一併消滅（參照民法第一〇八條第一項），抑或事後限制 A 的代理權限範圍，但因為相對人並無法得知該事實，因此本人必須根據民法第一〇七條仍繼續對相對人負起全權代理權存在的表象責任**⓴**，以

⓲ 參閱 MünchKomm/Schramm, vor §164 Rdn. 27。但德國 Canaris 教授 (Vertrauenshaftung, S. 35 ff.) 卻認為對不特定第三人為代理權授與公告，因涉及人數龐大的信賴保護，因此本人不能主張撤銷。只是作者以為，只要本人自認能夠承擔所有的損害賠償責任，就不應排除本人的撤銷可能性；而如果本人自忖無法負擔全部的損害賠償責任，本人就不會主張撤銷，而願意負起表象信賴責任。而如此的結果也不至於會對為數眾多的不特定人造成特別的不利益，因為即使不讓本人撤銷，固然本人仍必須負起表象信賴責任，但無資力的本人畢竟仍是無法負擔全部的表象信賴責任，結果未必就會有利於不特定人。

⓳ 參閱 Soergel/Leptien, §171 Rdn. 2。

⓴ 但德國 Flume 教授（Allgemeiner Teil des BGB II, §49 2 及 §51 9）所代表的少數說見解卻認為，本人為外部授權，但卻因內部撤回代理權（或代理權隨內部基礎法律關係消滅而一併消滅），本人在未通知相對人前，仍必須對相對人負

保護相對人的善意信賴及交易安全，直到本人再以適當的方式通知相對人代理權消滅或是限制的事實為止。當然如果相對人已由他處得知代理權消滅或限制的事實，或應可得而知卻不知，相對人也就無信賴保護的必要，只是此時必須由本人舉證相對人的惡意不知。本人事後通知相對人代理權消滅，該「通知」僅是一準法律行為❷，不是意思表示（否則就是外部撤回代理權），因此也必須要求有行為能力，而且也可以因錯誤、詐欺或脅迫而被撤銷。

根據民法第一○七條，本人若為外部授權，則於代理權消滅時，本人必須以適當方法通知相對人，以消滅本人所建立的代理權授與表象。依此，則民法第一○七條的適用前提，首先必須是本人曾先為一有效的外部授權，因此如果本人所為的外部授權無效，則按嚴格的條文文意，自無適用之餘地才是，此時應適用的是以下的「表見代理」理論，最終本例本人在未向相對人通知代理權無效前，本人仍必須對相對人負起代理權存在的表象責任❷，而不能主張無權代理。或許讀者會對該結果頗感驚訝，但是就價值判斷上而言，相對人不能因為在外部授權的情況下，就受到比內部授權、外部通知較差的地位，因為在內部授權、外部通知的情況，一旦內部授權無效，相對人仍受信賴表象保護，本人不能主張無權代理，則當然在無效的外部授權，本人也必須仍對相對人負起信賴表象責任才是。而必須強調的是，如果外部授與代理權是因欠缺行為能力或是因撤銷而無效，則應適

起代理權存在責任，該責任法律性質上並不是「表象責任」，而是「法律行為責任」，因為 Flume 教授認為外部授權只能再經由本人向相對人為撤回的意思表示（外部撤回），始能消滅，因此本人通知相對人代理權消滅的事實，不折不扣是一個撤回代理權的意思表示，在本人尚未通知相對人前，代理權並不消滅，本人仍必須對相對人負起代理權存在的法律行為責任。

❷ 參閱 Palandt/Heinrichs, §173 Rdn. 3。
❷ 參閱 MünchKomm/Schramm, §170 Rdn. 6。

用民法對行為能力保護及第九十一條的特殊效果。

參、表見代理

　　民法第一○七條及第一○九條「**狹義無權代理**」規範「**對代理權繼續存在所產生的信賴責任**」，以確保交易安全。但本人所須負的交易安全責任，絕不限於此，根據一般法律思維：凡當事人曾做了一個「行為」，而該行為導致外界客觀第三人的誤解，以為當事人有意做符合該行為內容的意思表示假象，則法律就有正當化理由要求當事人必須受到該行為內容的拘束，在此思維原則下，民法第一六九條又規定有「**對代理權授與所產生的信賴責任**」：「由自己之行為表示以代理權授與他人，或知他人表示為其代理人而不為反對之表示者，對於第三人應負授權人之責任。但第三人明知其無代理權或可得而知者，不在此限」，即所謂的「**表見代理**」。根據民法第一六九條原文，可以清楚知道，立法者對於本人的「代理權授與而產生的信賴責任」又區分成兩種類型：一是「由自己之行為表示以代理權授與他人」，本書將之稱為「**假象代理**」，另一則是「知他人表示為其代理人而不為反對之表示」，本書將之稱為「**容忍代理**」。

　　「表見代理」所隱喻的「信賴責任」必須和意思表示「**客觀解釋理論**」所隱喻的「信賴責任」加以區別。就後者而言，意指本人曾為一行為，而根據外界第三人基於客觀情狀的理解，本人的行為被認定有授與代理權的意思表示，在此一「客觀解釋理論」下，本人必須負起代理權授與的意思表示責任，至於本人主觀上是否真正有為代理權授與的意思表示（效果意思），則在所不問，以維護交易安全，只是不排除本人可以主張意思表示錯誤撤銷，而對相對人負起損害賠償責任（參照民法第九十一條），典型例如表意人的主觀真意是想寫「一斤 100 元」，但卻誤寫為「一斤 10 元」。換言之，意思表示的「客觀解釋」理論也是在保護交易安全，但是其適用的前提，必須是本人確實曾做了一個被外界誤以為授與代理權的意思表示假象

存在，而「假象代理」卻是更擴大本人的責任，在假象代理之下，本人也曾為一行為，但是該行為卻不足以可以根據「客觀解釋理論」而被誤解為有授與代理權的意思表示存在❷❸，雖然如此，基於交易安全保護，只要該行為最終導致外界第三人善意相信代理權的存在，本人就必須負起信賴責任，至於本人究竟主觀上有無授與代理權的意思，則同樣在所不問。而不論是意思表示解釋的「客觀理論」抑或「表見代理」，該等責任成立的正當化理由，都在於相較於善意第三人的無辜，整個使第三人善意信賴「代理權授與」的表象，畢竟都是肇因於本人的行為之故，因此自應由本人承受起整個事件的不利益結果才是，故本人的「信賴責任」遂因而成立。

一、假象代理

民法第一六九條所規範的表見代理，第一個類型即是「**假象代理**」。本人基於「假象代理」而須負起法律表象責任，法律理論建基於：本人雖然不知（無權）代理人的代理行為，但是如果基於本人的行為，致使外界第三人善意相信代理權的存在表象，本人就必須對此負責。在如此的法律理論理解下，以下本書就依此架構「假象代理」的構成要件，並加以討論：

㈠**客觀構成要件**

就客觀要件上而言，必須本人曾為一行為，而致使第三人相信代理權存在。雖然在「假象代理」本人曾為一行為，但此處本人行為的本身，客觀上卻不足以使第三人根據「客觀解釋」理論，而被認定是一內部授權或是外部授權的意思表示❷❹，此處的本人行為，指的是透過本人的行為，令

---

❷❸ 參閱最高法院九十九年臺上字第一一五號判決及最高法院一〇三年臺上字第一三六〇號判決：「所謂表見代理，為原無代理權，但表面上足令人信為有代理權，法律乃使本人負授權人之責任，故倘確有授與代理權之事實，即無表見代理之可言」。

❷❹ 參閱上述❷❷。

外界第三人相信，本人確實之前曾經做了一個代理權授與行為，換言之，經由本人的行為，足使第三人相信本人必定曾有代理權的授與（因果關係）。必須強調的是，此處可以造成第三人產生代理權授與假象的本人行為，通常（但非必要）無法單由本人的一次行為所形成，而往往是經由本人一連串持續的行為，因而造成相對人的信賴所形成❸。

本人的行為造成第三人產生代理權授與的假象，並進而適用「假象代理」，典型的例子計有：本人交付公司大小章給他人保管，而該人利用公司大小章下單訂約，或是交付公司下單專用定貨單給他人保管，而該人卻也擅自用於下單❻，甚至他人使用公司的電話或電腦（網址）下單，亦成立假象代理❼，此外民法第三〇九條第二項也具體規定假象代理責任：「持有債權人簽名之收據者，視為有受領權人。但債務人已知或因過失而不知其無權受領者，不在此限」。

而在我國實務上最重要，也最有爭議的是，將印章交付他人保管，但他人卻使用該印章為代理行為，是否本人須負起「假象代理責任」？最高法院四十四年臺上字第一四二八號判例❽，及在其他相類似的案件中，例如最高法院五十六年臺上字第二一五六號判例❾及最高法院一〇二年臺上字

---

❸ BGH VersR 1992, 990, 991.

❻ BGHZ 5, 111, 116.

❼ Larenz/Wolf, Allgemeiner Teil des BGB, §48 Rd. 27.

❽ 最高法院四十四年臺上字第一四二八號判例：「某甲在某某配銷所之職位僅次於上訴人，上訴人之印章與支票簿常交與某甲保管，簽發支票時係由某甲填寫，既為上訴人所自認，縱令所稱本件支票係由某甲私自簽蓋屬實，然其印章及支票既係併交與該某甲保管使用，自足使第三人信其曾以代理權授與該某甲，按諸民法第一百六十九條之規定，自應負授權人之責任」。

❾ 最高法院五十六年臺上字第二一五六號判例：「上訴人既將蓋有本人私章及所經營工廠廠章之空白合約與收據，交由某甲持向被上訴人簽訂契約及收取定金，顯係由自己之行為表示以代理權授與他人，自應負授權人之責任，則某甲

第二四三八號判決❸，都採肯定見解，但最高法院七十年臺上字第六五七號判例則採否定意見：「由自己之行為表示以代理權授與他人者，對於第三人應負授權人之責任，必須本人有表見之事實，足使第三人信該他人有代理權之情形存在，始足當之（參看本院六十年臺上字第二一三○號判例）。我國人民將自己印章交付他人，委託該他人辦理特定事項者，比比皆是，倘持有印章之該他人，除受託辦理之特定事項外，其他以本人名義所為之任何法律行為，均須由本人負表見代理之授權人責任，未免過苛。原審徒憑上訴人曾將印章交付與呂某之事實，即認被上訴人就保證契約之訂立應負表見代理之授權人責任，自屬率斷」。

　　對此，作者傾向肯定態度，因為將印章交付他人保管，如他人擅自使用該印章，致使對外界造成代理表象，如此的代理表象，自是溯及肇因於本人當初交付印章於他人的不當行為，本人難辭其咎。換言之，**代理表象的造成確實是肇因於本人行為所形成**，當本人將印章交付他人之時，即應理解有被擅自使用的風險存在，而最後自也應由其承擔該風險，才屬合宜❸。

　　收取定金之行為與上訴人無異，至某甲曾將所收取之定金交付上訴人與否，乃某甲與上訴人間之問題，上訴人殊不能以未自某甲處收到定金，對抗被上訴人」。

❸　最高法院一○二年臺上字第二四三八號判決：「參照民法第一六九條規定可知，由自己之行為表示以代理權授與他人，或知他人表示為其代理人而不為反對之表示者，對於第三人應負授權人之責任。是代理人自始持有授權人之雙證件、存摺等物品，並持之辦理定存事宜，則其嗣後仍持雙證件、存摺及授權人變更之新印鑑辦理解約時，是否未能使第三人誤信授權人對於代理人授以代理權，似此客觀情形，能否認為仍無表見代理法則原則之適用，即非無疑，法院自應就此推闡明晰，尚不得僅以代理人係利用其受託辦理定存事宜，持有授權人證件及印鑑之機會所為之盜領行為，不屬於授權人曾經表示授與代理權之範圍，進而為第三人不利之判決」。

　　至於最高法院所稱「我國人民將自己印章交付他人，委託該他人辦理特定事項者，比比皆是，倘持有印章之該他人，除受託辦理之特定事項外，其他以本人名義所為之任何法律行為，均須由本人負表見代理之授權人責任，未免過苛」，而僅以「比比皆是」為由，尚不足以阻卻本人的可歸咎行為。最高法院所關心的將印章交付他人保管的「比比皆是」現象，法律意義的關鍵點應是在於，是否足以使第三人就輕易相信存在「代理權授與」？換言之，將印章交付他人保管的「比比皆是」情況的考量，應是放在對於第三人善意與否的要件檢查上，而不是因此就否認本人創造代理權授與的假象，始較符合法律原理。而一般而言，非本人而持有本人印章，並與相對人為代理行為，相對人至少也應核對印章持有人和代理人之關係，究竟為何？如是配偶、兄弟姊妹持印章而為本人代理人，自尚屬合理，但如果是毫無關係之人，相對人卻仍未加以進一步確認，實難謂是善意，而不應受信賴保護才是❸❷。

　　另一問題是，如果本人不慎遺失印章，而為他人拾得，並加以使用，對第三人造成代理假象，本人是否必須負起「假象代理」責任？對此，並無明確的最高法院意見，而如上所述❸❸，作者以為，本人不慎遺失印章，

---

❸❶　參閱劉昭辰，《民法總則實例研習》，例題 43【印章遺失之責任】。

❸❷　臺灣嘉義地方法院一○二年簡上字第八十二號判決謂：「依社會經驗，第三人持有本人印章之原因多端，單憑其持有本人印章之外觀，已顯不足以讓他人因此信以為本人有授權該第三人以該印章代為票據行為，更不足以讓他人因此信以為該第三人有以代理人名義對外借款並將蓋有本人印章之票據轉讓他人之權限。次按本人倘若未曾由自己之行為表示以代理權授與他人，或知他人表示為其代理人而不為反對表示之情事，自難成立表見代理並令其負授權人之責任」，似乎嘉義地方法院的判決意見，即是傾向認為因為第三人欠缺善意，故不成立表見代理。

❸❸　參閱❷及本章內文。

故而造成代理假象，就法律理論而言，因本人自始就欠缺一個可以被歸咎的有意識「行為」存在（請細讀民法第一六九條原文：「由自己之行為表示以代理權授與他人」），因此也尚難僅以「保管印章過失不慎」據以架構其「行為表象責任」，充其量本人僅須負起損害賠償責任而已。就實體法的根據而言，參照民法第九四九條的立法價值判斷觀之：「占有物如係盜贓或遺失物，其被害人或遺失人，自被盜或遺失之時起，二年以內，得向占有人請求回復其物」，對於盜贓、遺失物的所有權人和善意取得人間的利益衡量，立法者較為傾向保護原物所有權人，而且不論原物所有權人對於遺失是否有過失，都在所不問，由此可知，即使本人因過失遺失印章，依民法第九四九條的價值判斷，也無須負表見代理責任❸❹。

(二)主觀構成要件

德國聯邦最高法院❸❺在經由判例形成「假象代理」的過程中，要求本人只要因過失而引起相對人信賴代理權存在的表象，本人就必須負起對代理假象負責，而得到通說的支持。但德國聯邦最高法院要求本人僅須有「過失」的主觀要件，就可以成立「假象代理」責任，卻也引起爭議，強而有力的部分學說，特別是德國 Flume 教授❸❻認為，僅是「本人因過失引起相對人的信賴表象」，並不足以架構本人的「法律表象責任」，因為由其他相關的本人「交付代理權授與證書」、「對外界表示授與代理權」或是下述的「容忍代理」的表象責任規定可知，必須是本人曾有意識的為一「代理權授與表示」的表象（所謂「表見授權」），始能成立假象代理責任。

---

❸❹　參閱 Köhler, PdW, BGB AT, S. 189。

❸❺　BGHZ 5, 111, 116; BGH NJW 1988, 1199, 1200; Köhler, Allgemeiner Teil des BGB, §11 Rdn. 44; Larenz/Wolf, Allgemeiner Teil des BGB, §48 Rd. 30; Erman/Palm, §167 Rdn. 18; Palandt/Heinrichs, §173 Rdn. 14, 16.

❸❻　Flume, Allgemeiner Teil des BGB II, §49 4. 其他例如 Canaris, Vertrauenshaftung, S. 48, 191 ff.; Medicus, Allgemeiner Teil des BGB, Rdn. 969 ff. 也都採此說。

　　換言之，按 Flume 教授意見，必須本人曾積極為一「代理權授與表示」的表象行為，藉由該「代理權授與表示」表象行為，本人清楚地明瞭自己的行為會讓第三人知道有代理權的存在，如此本人才須對其行為負起「假象代理」責任，如果本人並無積極地為一「表見授權」行為，而單單僅是因為本人的過失，因而消極地形成第三人的信賴表象，並不足以架構本人的法律表象責任，充其量只能根據締約上過失，負起損害賠償責任而已。就以 Flume 教授所舉案例，說明兩者的區別：本人 A 僱傭 B 負責商店的清潔工作，但 B 卻和善意相對人 C 為代理行為，出售貨物。如果根據通說意見，不排除 A 必須負起本人責任，但如果根據反對說意見，則 A 無須負起本人責任，但卻必須對 C 負起締約上過失的損害賠償責任。

　　對此爭議，我國民法第一六九條謂：「由自己之行為『表示以代理權授與他人』」，似乎應認為唯有本人積極有意識做了「代理權授與表示」（表見授權），始負有「假象代理」責任，似乎採上述德國少數說意見。此外最高法院❸也強調「所謂由自己之行為表示以代理授與他人，必須本人有具體可徵之積極行為，足以表見其將代理權授與他人之事實，方足當之」。準此，有鑑於商標及服務標章都有表彰事業經營的功能，因此加盟業主同意加盟經營者使用其商標及服務標章，不排除就有構成「（默示）表示以代理權授與他人」的可能，而須負起表見代理責任❸，或是將蓋有本人私章及所經營工廠廠章之空白合約與收據，交由第三人以便和相對人簽訂契約及收取定金，亦可以被認定本人確實有意識地為「表見授權」，本人亦必須負起表見代理責任❸。至於在實務上重要的「代為保管印章」的案例上，如果認為表見代理的成立，須以本人曾積極為一「表見授權」行為為必要，

❸　最高法院一〇〇年臺上字第五九六號判決。

❸　最高法院一〇一年臺上字第九六六號判決。

❸　參閱最高法院五十六年臺上字第二一五六號判例。

則就應認為難以成立表見代理才是，因為只是「保管印章」尚不足以可以被認定本人有意識為「代理權授與的表示」❹。此外，代理人自始持有授權人之雙證件、存摺等物品，並持之辦理定存事宜，則授權人所授與代理人的代理權自僅限於此，至於代理人事後逾越代理權限，持雙證件、存摺及授權人變更之新印鑑辦理定存解約，授權人對此當然自就欠缺有意識地「由自己之行為表示以代理權授與他人」（表見授權），當然也就無須負起表見代理責任❹。為有利於之後案例的判斷，最高法院應有必要再明確表示態度，如果確認最高法院採德國少數說意見，準此，則上述的「他人使用所保管的公司大小章」或「他人使用所保管的公司下單專用定貨單」❹，在欠缺積極「表見授權」下，本人就都無須負起假象代理（表見代理）責任。

　　只是對此爭議，作者仍較傾向採德國通說意見，因為當本人確實曾經因做了一個行為，因而「過失」致使外界第三人誤認該行為有授與代理權的假象，則即使本人無意識想「故意」藉由該行為對第三人表示有代理權存在（即本人並無故意為表見授權行為），但是就風險形成的肇因及責任分配上，是否本人故意或過失引起代理權存在的假象，則已非所問，而應由

---

❹　參照最高法院七十年臺上字第六五七號判例。

❹　不同意見：最高法院一〇二年臺上字第二四三八號判決。作者認為即使本案不構成「表見代理」，但授權人卻必須對銀行負起締約上過失責任，此外銀行也可以主張和存款戶之間的法律關係，通常可以認定存在有一默示約定，只要銀行核對本人印章、存摺及密碼無誤，銀行即必須付款，至於提款人有無被授權提款，則在所不問。另外，銀行也可以根據民法第三一〇條第二款的債權準占有人規定，主張有效清償，但本案銀行卻圖以主張「表見代理」免責，訴訟上自顯不利，亦屬多餘。參閱劉昭辰，《民法總則實例研習》，例題43【印章遺失之責任】。

❹　參閱劉昭辰，《民法總則實例研習》，例題40【酒醉的老闆】。

本人負起假象代理責任，承擔善意第三人所遭受的不利益，始是公允。

總之，如果按德國聯邦最高法院及通說意見，本人的假象代理責任，只須本人因過失而消極造成代理假象，即可成立；但如果本人對於代理假象的形成，並無過失，則本人亦無須負起假象代理責任。換言之，唯有疏於避免行為假象的創造，本人始須負起假象責任，意謂唯有本人對假象的創造，未能盡其合於義務的小心謹慎（應注意而未注意），且也未採取必要的避免措施（可避免而未避免），本人始須對此負起責任。但如果依德國少數說意見，則僅是過失引起代理假象，本人並無須負起表見代理責任，唯有本人有意識積極地故意做了一個「代理權授與表示」（表見授權），本人始須對此假象負起表見代理責任，我國民法第一六九條似採此說。但值得注意的是，我國法界❹卻大都認為，表見代理責任不是損害賠償責任，因此本人對假象的形成，不須以「故意」或「過失」為必要，完全不同於上述立場，堪稱第三說，亟待學者進一步對相關法律理論加以釐清。

二、容忍代理

民法第一六九條表見代理的第二個類型，即是「容忍代理」：「知他人表示為其代理人而不為反對之表示者」。準此，本人如果明知代理人一再地從事無權代理行為，但卻未加以干涉阻止，而致使第三人善意相信本人有意授與代理權，則本人就必須對其容忍行為，負起表見代理責任。必須提醒讀者的是，此處「容忍代理」必須以本人明知代理人無權代理行為的存在，但卻有意識的不為干預阻止為必要，故而不同於上述「假象代理」。

雖然本人在「容忍代理」中，明知無權代理行為，卻沈默不加干預，但吾人尚無法藉由「客觀解釋」理論，即可以將本人的沈默解釋成本人有

---

❹ 參閱最高法院四十四年臺上字第一四二四號判例；王澤鑑，《民法總則》，第534頁；陳自強，《契約之成立與生效》，第333頁。

代理權授與的意思表示❹，充其量，客觀第三人只是將本人的沈默容忍行為，理解成本人只是對於代理行為的存在，加以證實而已，典型的例子，例如本人得知無權代理人擅自刻自己的印章為代理行為，本人應立即加以制止，否則無權代理人若繼續以該印章為代理行為，本人就必須負起「容忍代理」責任。此外根據通說❺，本人的容忍行為雖然不是一個授與代理權的默示意思表示，而僅是一個準法律行為，但卻仍有行為能力保護的適用，因此也唯有完全行為能力人，始須對容忍代理負起表象責任。至於本人知不知道其容忍行為會導致第三人的誤會代理權存在，則在所不問。而且因為「容忍代理」是表見代理責任，也是一種法定的信賴責任，因此也不允許本人可以意思表示錯誤為由（內容錯誤），主張撤銷其容忍行為❻。

　　此外，不論是「假象代理」抑或「容忍代理」，相對人的信賴代理表象，必須和本人所造成的客觀表象間有因果關係，始能成立表見代理，因此在上述的案例中：本人得知無權代理人擅自刻自己的印章為代理行為，但本人卻未加以制止，使得無權代理人繼續以該印章為代理行為，但如果相對人並不知本人的容忍行為，就欠缺因果關係，因此相對人也就無得主張「容忍代理」，此時相對人應改主張和信賴代理表象具有因果關係的「假象代理」才是❼。最後，所有的表見代理責任，都要求相對人必須是善意，始受保護（參照民法第一六九條但書），因此如果相對人明知或是因過失而不知無權代理行為，則本人都無須負起責任，例如本人授與代理權給不具律師資格的 A，委以和解代理權，但因違反律師法第三條規定，故代理權

---

❹ 但少數說（例如 Flume, Allgemeiner Teil des BGB II, §49 3; Palandt/Heinrichs, §173 Rdn. 11）卻認為，容忍代理本質上是一種默示意思表示。

❺ Brox, Allgemeiner Teil des BGB, Rdn. 518; Canaris, Vertrauenshaftung, S. 40 ff.; Medicus, Allgemeiner Teil des BGB, Rdn. 930.

❻ 對該爭議，請見下述三。

❼ 參閱劉昭辰，《民法總則實例研習》，例題 41【接線生訂貨】。

授與無效（參照民法第七十一條），是否相對人仍可以主張表見代理，而要求本人承認和解效果？一般認為，相對人必須對不法行為的不法性有所認知，例如必須對本案例的律師法規範有所認知，因此相對人無得主張自己的善意，故而也不能主張表見代理責任❹。

三、表見代理的其他問題

㈠表見代理的得撤銷性

不論是假象代理或容忍代理，本人必須負起表見代理責任，雖然表見代理是一法定責任，但是仍要求本人必須有完全行為能力，始須負起責任，因為表見代理所能取代的只有「代理權」的要件，卻無法取代其他例如「行為能力」的要件。至於如果本人是限制行為能力人，或是受輔助宣告之人（準限制行為能力人），則須以（表見）代理行為對其帶來純獲法律上之利益，始生效力。

非常有爭議的是，是否本人可以主張撤銷表見代理責任？雖然容忍代理中的容忍是一準法律行為，但無爭議的是，一般認為不排除本人仍可以以其容忍行為是受詐欺、脅迫而撤銷。至於本人可否主張其無意藉由其容忍行為，發生「表見代理責任」，因此主張「內容錯誤」撤銷「表見代理」，則不無爭議，一般通說❹認為，表見代理責任是一法定責任，因此不容本人以意思表示錯誤為由，加以撤銷，否則就喪失「表見代理」的表象信賴保護的法定責任意義，而少數說❺則認為，如果僅以表見代理是一法定責任為由，就否定其錯誤撤銷的可能性，則不脫概念法學的思考。對此爭議，作者也較傾向少數說，否則如果本人在意定代理中，對代理權的授與發生

---

❹　參閱 Larenz/Wolf, Allgemeiner Teil des BGB, §48 Rd. 31。

❹　Erman/Brox, §167 Rdn. 20; Larenz/Wolf, Allgemeiner Teil des BGB, §48 Rd. 24; Soergel/Leptien, §167 Rdn. 20.

❺　Canaris, Vertrauenshaftung, S. 43; MünchKomm/Schramm, §167 Rdn. 41.

錯誤，都可以主張撤銷，例如本人向相對人表示授與代理權給代理人（外部授權），但卻不理解代理權的意涵，而誤以為所謂「代理權」只是一種談判的頭銜，依此本人尚且可以主張民法第八十八條的意思表示內容錯誤，而撤銷代理權授與的意思表示，則何以當本人不知「容忍」無權代理行為所可能帶來的「表見代理」效果，卻不能主張錯誤撤銷？何以「容忍表見代理」責任重於「意定代理」責任？而更難以理解的是，通說卻又認為「狹義無權代理」，例如「交付代理權授與證書」、「對外界表示授與代理權」，本人都可主張代理權證書內容或是對外公告內容錯誤而撤銷，何以誤解「容忍」的意義，就不可以因錯誤而撤銷？因此作者以為，只要是具有準法律行為性質的表見代理，例如容忍代理，就應允許本人撤銷表見代理效果。至於「假象代理」，如果認為「假象代理」必須以本人有意識故意做了一個「代理權授與表示」（表見授權）為必要，則本人所為的表象授權也就是一準法律行為，因此不排除也有撤銷的可能性，但即使認為「假象代理」只須以本人無意識的過失行為創造代理假象為已足，則作者以為，仍應肯定本人可以主張撤銷「假象代理」，因為故意有意識故產生假象代理表象，本人都可以主張撤銷，基於「舉重明輕」，更遑論是因無意識的過失行為而產生的假象代理責任，當然也應同意本人可以撤銷才是。

㈡表見代理和無權代理責任的選擇關係

根據最高法院五十二年臺上字第一七一九號判例❺意見：「由自己之行為表示以代理權授與他人者，對於第三人應負授權人之責任，固為民法第

---

❺ 另參閱最高法院六十年臺上字第二一三○號判例：「由自己之行為表示以代理權授與他人者，對於第三人應負授權人之責任，必須本人有表見之事實，足使第三人信該他人有代理權之情形存在，且須第三人基此表見之事實，主張本人應負授權人之責任，若第三人不為此項主張，法院不得逕將法律上之效果，歸屬於第三人」，最高法院一○三年臺上字第一三六○號判決再次重申該院所持的立場。

一百六十九條前段所明定，惟必須該第三人以有表見之事實，係有權代理為理由，主張表見代理行為，應對本人發生效力，非得由法院任意為當事人主張其效果」，最高法院傾向認為表見代理責任並非強制，而得由善意第三人自行決定，究竟是要向本人主張表見代理責任，或是根據民法第一一〇條要代理人負起無權代理責任，換言之，根據最高法院意見，「表見代理」和「無權代理」責任，兩者是處於選擇性競合關係。只是亦有反對說❺❷認為如果善意第三人可以向本人主張表見代理責任，則其利益就受到法律的足夠保護，當無捨棄表見代理的保護，轉而向無權代理人主張責任之理。對此，作者則傾向最高法院意見，因為實不見有強迫相對人利益保護的正當性何在！況且，如果認為表見代理責任會排除無權代理責任，則第三人在無權代理的訴訟上，可能就會被要求先舉證不存在「表見代理」情況，但第三人往往可能無法舉證表見代理是否存在，而到表見代理訴訟，則可能又無法足夠舉證表見代理要件，最後可能造成兩邊訴訟皆為敗訴的窘境❺❸。

---

❺❷ 王澤鑑，《民法學說與判例研究（六）》，第 15 頁。另參閱 BGHZ 61, 59, 69; Palandt/Heinrichs, §173 Rdn. 20。

❺❸ 參閱 Larenz/Wolf, Allgemeiner Teil des BGB, §48 Rd. 33。

第七章

實例研習

例題 1

手機特惠專案

某手機大廠推出新手機，為衝高銷售績效，電信公司特別推出學生優惠專案，以吸引年輕族群，但名額有限。就讀高中的 A，得知有此優惠專案，苦苦央求母親 B，代為購買。B 答應之。

B 在經過長時間排隊後，終於獲得少數名額機會。詢問價格後，得知手機售價確實便宜，但必須綁約兩年。B 為確實知道女兒 A 使用手機的情況，遂在申請門號單上，簽上自己的名字。在兩個月後，A 無法繳交手機通話費用，電信公司向母親 B 請求給付，但 B 認為，自己既然是為女兒洽購手機，當然也就是為女兒洽辦通信契約，而且洽辦的是「學生優惠專案」，因此自己當然就不是通信契約的當事人。誰有道理？

◯ 說　明

本題主要練習兩個部分：一是「混合契約」的法律效果適用，一是如何對「日常現金行為」決定契約當事人。解題者應運用在本書中所習得的法律理論，加以解答。

◉ 擬　答

電信公司可以向母親 B 請求手機通話費用償還的請求權基礎，可能是民法第四二一條：

一、請求權基礎的討論

本題首先出現的難題，即是「電信通話契約」的法律性質，究竟為何？一般認為 ❶，此種契約是綜合「承攬」、「租賃」及「僱傭」的「混合契約」，因為門號申請者在電信業者「接通電話後」（參照民法第四九〇條），

---

❶　Palandt/Putzo, vor §535 Rdn. 31.

就會使用其硬體通信設備（例如基地臺），也會使用電信人員的勞務支援（例如門市服務及諮詢）。因此引發的問題是：對於「混合契約」所發生的可能法律問題，應如何尋找正確的請求基礎？基本尚有兩可能性：

㈠分配理論

有認為應「視混合契約中各個不同契約的特性，分別適用相符合的法律規範」，例如如果是手機本身發生瑕疵，就適用民法第三五九條以下的買賣瑕疵擔保相關規定，如果是通信設備發生故障，就應適用民法第四三〇條以下相關的租賃物瑕疵擔保規定等等。本題所涉及的是電信通話所生的費用給付爭議，而電信通話所生的費用，雖然是同時涉及「租賃」及「僱傭」契約所生的代價，但卻只有一個金錢數額，且該數額並無法被輕易劃分某部分是因租賃所生，某部分是因僱傭所生，因此也就無法以個別「租賃」或是「僱傭」的契約規範，來作為通話費用的請求權基礎，故而也就不宜適用「分配理論」。

㈡重點理論

亦有認為對於混合契約的法律規範適用，應「根據整個混合契約中的重點優勢的契約部分，一體適用該部分的法律規範於整個混合契約」，例如本題每月的電信通訊費用，其實是整個涵蓋「僱傭」及「租賃」的單一一體對價，而無法根據「分配理論」被加以清楚區分個別的「僱傭」及「租賃」的數額，因此電信公司對於通話使用人的通話費用的請求權基礎，就應以電信通話費用所占最重要的部分，究竟是「僱傭」或是「租賃」加以認定，爾後決定一個單一的請求權基礎。對此，本題擬答傾向認定，租賃契約部分是通信費用所涵蓋最重要的部分，因為就整體事實上的通話使用中，雖不乏有服務人員的勞務給付，但是通話的順暢關鍵仍是取決於硬體通話設備的正常運作，況且就電信公司的營運上，硬體設備支出應是占相當大的成本部分，而且由當事人間習慣上將通話費用稱之為「月租費」，更可知「租賃契約」部分才是電信通話契約最重要的部分，因此通信費用的

適當請求權基礎應是以民法第四二一條為恰當❷。

二、契約當事人的討論

本題電信公司要向母親 B 根據民法第四二一條主張通話費用給付的前提，必須是在兩人之間成立電信通話契約。而契約的有效成立是由要約及相對應的承諾意思表示所組成：

㈠要約、要約引誘及承諾

本題的要約可能成立在當電信公司將申請書交給 B 時。要約和要約引誘的區別在於：要約具有法效意思，因此當事人受其拘束，而要約的引誘卻欠缺法效意思，因此不具拘束力（參照民法第一五四條第一項：「契約之要約人，因要約而受拘束。但要約當時預先聲明不受拘束，或依其情形或事件之性質，可認當事人無受其拘束之意思者，不在此限」）。準此，則本題當電信公司交付申請書給 B 時，就不是一要約，而僅是要約引誘而已，因為明顯地，電信公司尚必須對當事人的資料進行審查，之後始能確認是否可以提供相關契約的服務，故申請書的交付對電信公司而言，主觀上尚無必須接受申請人申請的受拘束意思，故僅是要約引誘，而不是要約。因此真正的通信契約的要約，應成立於申請人填完資料，而遞交給電信公司時，而承諾則是在電信公司審核完畢之時，通信契約始有效成立。

㈡契約當事人的認定

1.代理的公示原則

問題是，本題的通信契約當事人是 A 或是 B？就題意觀之，母親是在申請書上簽下自己的名字，故似乎應認定 B 才是契約當事人，但是 B 卻主張，自己是為女兒 A 購買手機，既然是為女兒洽購手機，當然也就是為女

---

❷ 參閱劉昭辰，《債法總論實例研習——法定之債》，例題 11【代繳他人的電話費——給付目的事後變更】。

兒洽辦通信契約，因此自己就不是通信契約的當事人。而 B 的主張可以成立的可能根據，可以考慮的是民法第一○三條第一項，即當 B 是以 A 的代理人身分出現，而代理 B 訂立通信契約時，則通信契約效力就應歸契約當事人 B 本人。而本題 B 的通信契約申請，是否成立代理，最關鍵的要素討論在於，B 是否有以 A 本人的名義申請，以符合代理的「公示原則」，而本題明顯地，B 在申請書上簽下自己的名字，縱使 B 的內心動機所想的是「既然是為女兒洽購手機，當然也就是為女兒洽辦通信契約，而且洽辦的是『學生優惠專案』，因此自己當然就不是通信契約的當事人」，主張所言固然有理，但是終究 B 未曾對電信公司清楚表達，因此客觀第三人尚難以認定 B 是以代理人身分訂約。

2. 公示原則的例外──日常現金交易行為

問題是，本題是否是一「日常現金交易行為」，因此可以無須公示原則？在一般日常生活的現金交易行為，因為契約當事人立即完成契約的履行，因此契約當事人是誰，其實無人在意，因此學說以為此時就無須有代理公示原則的適用。至於誰才是契約的當事人？最終取決於表意人為意思表示時的主觀意思為定：如果表意人是以代理人地位為代理行為，則表意人就不是契約當事人，表意人主觀所欲代理的本人，才是契約當事人。而本題的手機買賣部分，就是一典型的「日常現金交易行為」，因此即使母親 B 並未清楚表達以代理人身分，代理女兒 A 訂約，但並不排除契約仍是成立在電信公司和女兒 A 之間，只是就通信費用的「租賃契約」部分，通信使用人首先先使用通信設備，之後再一個月結算一次，並不是立即的對待給付清償，而是具有費用延期給付的性質，因此對於電信公司而言，當然就有確切知道契約當事人是誰的利益需求，故不屬於「日常現金交易」的範疇，因此 B 也就不能主張代理公示原則的例外適用。

結論：本題的電信通話契約並非是「日常現金交易行為」，因此必須有代理

公示性原則的適用，而因母親 B 並未清楚以女兒 A 的名義代為訂約，因此終究並無民法第一〇三條第一項的代理適用餘地，故而母親 B 才是契約當事人，電信公司的請求有理。

題後說明

除混合數個契約類型成為一個契約的「混合契約」外，當事人也常會將數個獨立的契約，相互連結，使其具有經濟上的一體性，例如業者表示購買一臺筆記型電腦（買賣），就送腳踏車一部（贈與），而買受人基於為得到一部腳踏車，就向業者購買一臺筆記型電腦。因為契約是個個獨立，因此也應分別適用自己的契約規範，本無疑義，例如如果買受人發現腳踏車有瑕疵，自可以向業者主張贈與物之瑕疵擔保，例如在本例的種類之債，買受人可以主張另行交付無瑕疵之物，但贈與人並無損害賠償義務；只是如果業者表示所有的腳踏車都有相同的瑕疵，則此時基於買賣契約和贈與契約的經濟一體性，不排除買受人可以主張民法第二二七條之二的「情勢變更」，而請求減少買賣契約價金的給付，甚至也可以主張解除整個買賣契約。

例題2

女兒的真命天子

一、A女即將滿二十歲，前幾日剛完成訂婚。母親B在郊外擁有某公寓的「區分所有權」（以下簡稱「公寓」），雖然B母已將該公寓出租給他人，但卻仍有意贈與給A女當嫁妝，並一人獨自委託代書完成所有權移轉登記給A。但隔日A女卻向B母表示，自己對未婚夫已無感情，因此昨天已經解除婚約，自己在網路上認識真命天子，有意在成年後立即結婚，並計畫出售所得的公寓，幫忙他創業。B母甚為生氣，也怕A女被騙，人財兩失，表示要收回公寓，但A女堅稱公寓已經是自己所有。問：該公寓所有權現在屬誰？

二、若：B母所贈與者不是已經出租的「公寓」，而是無人居住的「透天厝」。B母可否收回？

說　明

　　父母和未成年子女間，當然也會有法律行為。基於兩方當事人的特殊親屬關係，外人可以想見，兩人的法律行為效力，自須另有考量，特別是民法第一〇六條的利益衝突及其他相關的親屬法規範，都是學習者所必須注意的。

擬　答

一、「公寓」的情形

　　本題公寓現在所有權的歸屬，自取決於是否B母已經有效將該公寓所有權移轉登記給A。而根據民法第九五八條規定，不動產所有權的移轉要件，必須以當事人間有①「讓與合意」的物權契約存在，及②在地政事務所完成移轉登記為必要。本題首先就「讓與合意」的要件檢查如下：

㈠代理權限的取得

物權移轉的讓與合意契約，自以 B 母和 A 女間有合意的意思表示為前提，而本題 B 母有讓與公寓的有效意思表示，自無疑義，問題是：A 女有無為有效的受讓公寓的意思表示？由題意顯示，似乎 A 女本人並未親自為意思表示，而是由其母 B 代為完成受讓公寓的意思表示，而 B 母所為的受讓意思表示，如果符合民法第一〇三條第一項的「代理」規定，就可以直接對 A 女發生效力，而完成公寓的讓與合意。檢查民法第一〇三條的要件，最有疑問的就是，B 母有無代理 A 女為意思表示的權限？因為 A 女尚未滿二十歲，故為限制行為能力人（參照民法第十三條第二項），即使 A 女已訂有婚約，但卻仍非結婚，故仍無得根據民法第十三條第三項取得行為能力，因此根據民法第一〇八六條第一項，B 母為其法定代理人，故而擁有代理權限。

㈡代理權限的限制

只是民法對於代理人的代理權限，卻有一般性的限制規定。例如民法第一〇六條即規定：「代理人非經本人之許諾，不得為本人與自己之法律行為，亦不得既為第三人之代理人，而為本人與第三人之法律行為。但其法律行為，係專履行債務者，不在此限」，準此，則本題 B 母代理 A 女與自己為物權讓與契約，自是一種「自己代理」行為，而為民法第一〇六條所涵蓋禁止，故似乎就屬無代理權限，因而物權讓與契約效力未定，而有待法院根據民法第一〇八六條第二項，為 A 女選定特別代理人，藉以和 B 母完成公寓所有權讓與的契約行為。

只是學說以為，既然民法第一〇六條的禁止目的是避免利益衝突，則在無利益衝突的情況下，就應允許代理人可為自己代理，而典型的例子就是如果該代理行為會為未成年人 A 帶來純獲法律上利益時，則基於「目的性限縮理論」，自就無禁止 B 母為「自己代理」的道理，最經典而無爭議的例子，就是父母對未成年子女所為的贈與契約，並無「自己代理」的禁

止。必須強調的是，學說要求的是「純獲法律上利益」，因此只要法律行為會為未成年人 A 帶來任何極小的「法律上不利益」，都非民法第一○六條「禁止自己代理」所許可，因此要檢查的是：贈與未成年人一間已經出租的「區分所有權」公寓，有無為其帶來任何法律上的義務，故非是一「純獲法律上利益」之行為？

1.租賃契約的承受——民法第四二五條

根據民法第四二五條規定：「出租人於租賃物交付後，承租人占有中，縱將其所有權讓與第三人，其租賃契約，對於受讓人仍繼續存在」，因此如果一旦 B 母將本題公寓所有權讓與移轉給 A 女，A 女就必須根據民法第四二五條，法定承受該公寓上的租賃契約，而成為公寓的出租人，而必須負擔起承租人義務，例如修繕義務（參照民法第四三○條），故對未成年人 A 而言，實非是「純獲法律上利益」。

2.區分所有權的規約拘束——民法第七九九條之一第四項

此外，因為本題 B 母所贈與者是一公寓大廈的區分所有權，而根據民法第七九九條之一第四項規定：「區分所有人間依規約所生之權利義務，繼受人應受拘束」，例如公寓大廈的區分所有權人的繼受人，自也必須接受規約拘束，典型例如尚必須支付管理費用，故而也會產生法律上的義務，因此對未成年子女 A 而言，仍不是純獲法律上利益。

結論：本題母親 B 所為的自己代理行為，根據民法第一○六條，自是效力未定，而有待法院選任特別代理人，由特別代理人加以決定該贈與效力。在此之前，公寓所有權仍屬 B 母所有。

二、「透天厝」的情形

因為 B 母所贈與者是一「透天厝」，故對 A 女而言，就屬是「純獲法律上利益」，基於「目的性限縮」，民法第一○六條的「禁止自己代理」即

無所適用，故所有權移轉有效。問題是，B 母可否再為「自己代理」，將屬 A 女所有的「透天厝」移轉登記回自己名下？關鍵仍是在於，B 母有無代理權限？

㈠民法第一〇六條

因為將 A 女所有的「透天厝」移轉登記回 B 母自己名下，致使 A 女失去透天厝的所有權，因此對未成年人 A 女而言，就不是一「純獲法律上利益」。

㈡民法第一〇八七及一〇八八條

民法第一〇八七條規定：「未成年子女，因繼承、贈與或其他無償取得之財產，為其特有財產」，民法第一〇八八條又規定：「未成年子女之特有財產，由父母共同管理。父母對於未成年子女之特有財產，有使用、收益之權。但非為子女之利益，不得處分之」，由此可知，雖然父母對未成年子女有法定代理權，但對於未成年子女所受贈的特有財產，非為子女利益，父母親仍不得為管理上的代理行為。而縱使本題 B 母憂慮 A 女會有人財兩失的不利益，但是該不利益的憂慮，終究必須 A 女直到成年後，得自由處分所得的透天厝時，始會發生，因此 B 母此刻並無法以 A 女利益為由，而主張對 A 女所有的透天厝有代理處分權限。

只是最高法院五十三年度第一次民刑庭總會會議決議認為：「父母以其未成年子女之名義承擔債務及以其未成年子女之財產提供擔保，若非為子女利益而以子女之名義承擔他人債務，及為他人提供擔保，依照民法第一千零八十八條（舊法）及限定繼承之立法意旨暨公平誠實之原則，除其子女於成年後，自願承認外，不能對其子女生效。但子女之財產如係由父母以其子女之名義購置，則應推定父母係提出財產為子女作長期經營，故父母以子女之名義置業後，復在該價額限額度內，以子女名義承擔債務，提供擔保，不能概謂為無效」，則按決議的意旨，宜應認為父母對未成年子女因「父母的贈與」所取得的財產所有權，即使非為子女利益，父母仍應有

處分權限才是。問題是，父母對未成年子女因「父母的贈與」所取得的財產所有權，為處分時，是否仍須受限於「自己代理的禁止」？對此，本題擬答採肯定態度，因為民法第一〇六條的規範目的是為避免本人和代理人間的利益衝突，而禁止代理人「自己代理」，不僅是為避免造成本人損害，亦為避免代理人利用代理權，為自己牟取利益。但上述最高法院的決議意旨，卻是認為即使「不利子女利益」下，父母仍可就未成年子女因「父母的贈與」所取得的財產所有權，進行處分，以便父母可以延續自己對贈與給未成年子女的財產，做持續的管理行為，符合當初父母贈與的目的，故而限縮民法第一〇八條的適用，但最高法院決議意見卻無意使得父母可以因管理子女財產而獲得利益，因此如果父母行使代理權而為「自己代理」，進而處分子女財產，從中獲得利益，自仍是一種利益衝突，而為民法第一〇六條所不許。此外亦必須強調的是，民法第一〇六條所禁止者是抽象的風險行為，因此只要代理人所為的「自己代理」行為的典型不是「純獲法律上利益」者，即為民法第一〇六條所禁止，而不論代理人個別行為的動機或是最終有無為本人帶來利益與否，因此即使本題 B 母是怕 A 女被騙，甚且會人財兩失，不無道理，但終究仍未能限縮民法第一〇六條的適用，B 母應是根據民法第一〇八六條第二項，聲請法院選任特別代理人，而由特別代理人將該透天厝重新移轉登記回 B 母名下。

結論：B 母不能代理 A 女將透天厝移轉登記回 B 母名下。

例題3

超出餐廳身高優惠價的小孩

　　A 在臺中市南區開設羊肉爐吃到飽餐廳，A 並僱請非法居留的 B 為服務生，因為 B 的工作態度積極，因此 A 也全權授與 B 負責招呼客人及櫃臺的營收事務。某日大學教授 C 帶小孩 D 到 A 店舉辦家庭聚會，服務生 B 表示「身高 130 公分以下的小孩」，享有半價優惠 150 元，C 遂要小孩 D 去量身高，結果是 132 公分。B 見 C 面有難色，又見該小孩相當可愛，異常討人喜愛，遂同意可以享有優惠，但表示不能讓老闆知道。

　　當 C 用餐結束結帳時，A 老闆不顧小孩真的異常討人喜愛，而質疑 D 的身高，並堅持 C 必須給付一般價格 300 元，但 C 卻堅持只須給付小孩優惠價。誰有道理？

說　明

　　代理權授與的無因性，對於一般初學者而言，不易理解，本例題就對此加以設計案例，解題者必須就「代理權授與的無因性」兩種類型，加以討論。

擬　答

一、契約的請求

　　依一般生活經驗可知，當大人帶小孩到餐廳用餐，大人往往是以自己為契約當事人和餐廳訂約，對小孩構成「利益第三人契約」，而非是以小孩代理人身分，以小孩為契約當事人，而由小孩負起契約責任。此外，到餐廳用餐所成立的契約是一種「混合契約」，混合「買賣」、「租賃」（使用餐具、桌椅……）及僱傭（服務），而根據「重點理論」❸，本題羊肉爐消費

---

❸　參閱例題 1【手機特惠專案】。

價金的請求權基礎認定，應「根據整個混合契約中的重點優勢的契約部分，一體適用該部分的法律規範於整個混合契約」，而一般而言，「買賣」應是構成整個餐廳消費的最重要部分，因此 C 可以向 A 主張就小孩 D 消費羊肉爐而給付優惠價 150 元的請求權基礎，可能的依據應是民法第三六七條，而其前提又必須是 A、C 兩人之間有意以小孩優惠價 150 元，合意成立小孩消費羊肉爐的利益第三人契約。本題顧客 C 的意思表示，並無疑問，有問題的是，是否 A 有意僅以小孩優惠價 150 元成立契約？依題意，本題 A 並未親自為意思表示，而是由其受僱人 B 代為 150 元優惠價的意思表示，第三人 B 所為的意思表示，唯有在符合民法第一〇三條第一項的代理規定下，始會對 A 發生效力。民法第一〇三條第一項的要件計有：① B 為一意思表示，② B 以 A 的名義為意思表示，③ B 在代理權限內為意思表示。以下僅就有爭議的要件③加以討論：是否 B 對於以小孩優惠價成立買賣契約，擁有代理權限？

㈠推定代理權授與

就現實生活經驗可以清楚知道，一般的僱傭契約成立時，僱傭人往往不會明白清楚向受僱人表示「授與代理權」，因此僱傭人有授與代理權給受僱人，往往必須透過契約的解釋，例如透過受僱人所從事的職務範圍，加以解釋僱傭人有無意思授與代理權。以本題而言，當僱傭人 A 僱傭 B 為餐廳服務生，負責招呼客人，解釋上應認為僱傭人 A 有意授與代理權給 B，賦予 B 可以直接和客人訂約的能力，俾使其符合並發揮招呼客人的職務功能才是，因此 B 確實受有代理權，可以代理 A 為訂約的意思表示。

㈡代理權授與的無效──無因性考量

只是 A 授與代理權給 B，是否會因以下的因素考量而無效？

1.僱傭契約無效

如上所述，為俾使 B 符合並發揮服務生的職務功能，可以認定 A 有意授與代理權給 B。但問題是，因為 B 是非法居留的外國人，因此其和雇主

A 之間的僱傭契約就會違反就業服務法第四十三條規定:「除本法另有規定外,外國人未經雇主申請許可,不得在中華民國境內工作」,因此根據民法第七十一條而無效❹,是否 A 所授與給 B 的代理權,也應一併失效? 對此學說有兩派意見:

⑴有因說❺

　　有因說認為,代理權授與行為與基礎法律關係不可分離,基礎法律關係無效、不生效力或被撤銷時,授與代理權行為亦隨之消滅,並以民法第一〇八條第一項「代理權之消滅,依其所由授與之法律關係定之」的規定,作為其立論的依據,因為僱傭契約無效,專為履行僱傭契約功能的代理權授與,自就無再有存在的必要性。準此,則本題因為 A、B 間的僱傭契約無效,因此按有因說,A 所授與給 B 的代理權也就因之無效才是。

⑵無因說❻

　　無因說認為,授與代理權之效力不會受基礎法律關係之無效、不生效力或被撤銷而影響,且民法第一〇八條第一項規定,固在表示代理權之授與應受其基礎法律關係之影響,但亦僅限於基礎法律關係因事後消滅的情形,而非就其自始不成立而言。

⑶解題意見

　　對此爭議,本題擬答亦採「無因說」,因為民法第一六七條中的「外部授權」已有所明示,按該規定即使本人和代理人間尚不存在任何的內部基礎法律關係(例如本題僱傭契約尚未成立),但只要代理人向第三人為代理權授與之意思,代理人即取得代理權,充分展現代理權的授與和代理人及本人間的基礎法律關係無涉,而是獨立存在。而固然民法第一〇八條第一

---

❹　詳細理由請參閱劉昭辰,《債法總論──法定之債》,例題 8【外籍勞工打黑工──不法原因之給付⑴】。

❺　鄭玉波,《民法總則》,第 309 頁。

❻　邱聰智,《民法總則 (下)》,第 196 頁。

項不乏展現「代理權之授與應受其基礎法律關係之影響」的意旨，但不應適用在基礎法律關係的自始不成立上，因為代理權授與無因性理論，尚有交易安全的考量，只要外界第三人由客觀事實可以推論代理人取得代理權，就應受交易安全保護，而無須再去探究代理人和本人間的內部基礎法律關係，究竟是否有效成立，事實上，外界第三人也無從探究，否則今後凡是到餐廳消費的顧客，都必須查問服務生的國籍、身分，豈非嚴重破壞交易秩序，而不切實際。

在無因說下，代理權授與的效力應獨立於基礎法律關係而判斷，不會受到基礎法律關係的自始不成立、無效或撤銷的影響。在獨立判斷是否 A 有效授與代理權給 B 時，要問的是，是否該代理權的授與也會因違反就業服務法第四十三條規定，而根據民法第七十一條無效？對此有必要理解代理權的性質，蓋代理權不是一種權利，而只是一種賦予代理人取得為本人為法律行為的「職能」或「地位」，代理權本身並非是一種權利，受僱人並不會由代理權的取得而獲得僱傭契約上的權利，例如薪資請求權，受僱人所可能取得僱傭契約的權利（薪資請求權），只能由和僱傭人間的內部僱傭契約產生，因此本題即使 B 身為外國人而取得為雇主 A 本人為法律行為的「職能」或「地位」，但該「職能」或「地位」的取得，並不會違反就業服務法第四十三條「保障我國國民工作機會」的立法目的，因此 A 授與 B 代理權的行為，也就不會根據民法第七十一條而無效。

2.代理人違反契約保護注意義務

受僱人於履行僱傭契約時，必須注意到僱傭人的財產利益，必須以合於誠實信用原則的方式，履行僱傭契約，如有違反而造成受僱人的損害，受僱人就必須根據民法第二二七條第一項，負起不完全給付的損害賠償責任。在此之下，學說❼認為，即使受僱人所為的代理行為，如有違反僱傭

❼ MünchKomm/Schramm, §164 Rdn. 97.

契約的保護注意義務，而必須對僱傭人負起不完全給付的損害賠償義務，但代理人因而所為的代理行為，仍然對本人發生效力，以充分展現代理權效力，乃是獨立於代理人違反基礎法律關係內部保護注意義務的無因性。以本題而言，因為題示「A 全權授與 B 負責招呼客人及櫃臺的營收事務」，因此可以認定 A 概括授與代理權給 B，負責招呼客人的訂約事項，因此即使 B 對 130 公分以上的小孩給予優惠價，也應在概括授權之中，但 B 卻明知故犯，而違反對 A 的內部注意義務，構成債務不履行「不完全給付」責任，但即使如此，基於代理權授與的無因性，吾人尚難以此認定，B 代理 A 對於顧客 C 給予「小孩優惠價」，屬於無權代理。

3.代理權的濫用

直到上述的討論，尚難以認定 B 是無權代理 A 為小孩優惠價。但可以繼續考慮，是否尚有其他事由，而可以使 A 主張代理人 B 所為的小孩優惠價意思表示對其不生效力？

⑴惡意共謀詐害

法律理論上有認為，如果代理人和第三人有意識的故意利用代理權授與的無因性，訂立法律行為用以詐害本人，造成本人的不利益，則該代理行為就會因違反民法第七十二條的公序良俗而無效[8]，但也有學說[9]認為不宜將「惡意共謀詐害」的案例，歸納為公序良俗的價值判斷問題，而使「惡意共謀詐害」的法律效果一概歸於無效，而是應將「惡意共謀詐害」案例回歸於一般代理理論，而宜認為「惡意共謀詐害」的法律效果是屬於無權代理，使之效力未定，並聽任本人進一步考慮是否加以承認（參照民法第一七〇條）。只是本例題果真是「惡意共謀詐害」？「惡意共謀詐害」的前提，必須是代理人 B 和相對人 C ①雙方有意識且共同合意要②加不利益

---

[8] BGH NJW 1989, 26.

[9] Larenz/Wolf, Allgemeiner Teil des BGB, §46 Rd. 143.

於本人，本題 B 和顧客 C 自相互明知小孩身高已超過 130 公分，但卻仍為優惠價的合意，自符合要件①，但是就要件②而言，卻不無疑問，因為學說所要求的「惡意共謀詐害」必須是雙方當事人為法律行為的動機上，乃出自於加損害於他人之意，就本題而言，就不無疑問，因為本題雙方當事人約定小孩優惠價，固然 B、C 兩人知道，老闆 A 會因而獲利減損，但一般而言 A 仍有所獲利；相反地，如果沒有小孩優惠價，C 可能就會拒絕消費，A 反而可能就會完全無法獲利，因此至此尚無足夠事實可以說明，B、C 兩人有共同加害 A 的動機，而構成「惡意共謀詐害」。

(2)權利濫用

A.要件討論

基於代理權授與的無因性，因此即使代理人違反和本人內部基礎法律關係的保護注意義務，但其所為的代理行為卻仍然有效，但卻不無有「權利濫用」之虞，因此學說有認為，如果此時相對人明知代理人的違反義務行為，則惡意的相對人即無受保護之必要，故不能根據「代理權授與的無因性」，而主張代理行為有效，應構成無權代理。但德國聯邦最高法院❿認為如果第三人因過失而不知代理人所為的代理行為違反內部注意義務，則該第三人就不值得保護，因此今日通說⓫以為，一旦代理人違反契約義務所為的代理行為，對任何人而言是顯而易見時，換言之，任何人無須再深入探查本人和代理人間的內部關係，單憑代理行為本身就可以知道該代理行為違反契約義務時，不論第三人有無辨認出代理行為的義務違反不法性，第三人就無保護的必要，而不能主張代理行為的有效。

究竟意思表示相對人對於代理違反和本人間的內部基礎法律關係的保

---

❿　BGHZ 50, 112, 114.

⓫　BGH NJW 1999, 2883; Medicus, Allgemeiner Teil des BGB, Rdn. 967; Kohler, Allgemeiner Teil des BGB, §11 Rdn. 49.

護注意義務，主觀上應以「明知」或是「過失」為必要，該爭議在本題並無關鍵性。因為或許顧客 C 可以主張，即使小孩 D 身高已經超過 130 公分，但是就一般生活經驗可知，往往老闆會授與服務生有「裁量權限」，而可以自行決定超出身高差距不大的小孩，給予優惠價，因此自己並非是「明知」亦無「過失不知」B 已違反內部規定，只是如此的主張在本題應無法成立，因為本題 B 已經向 C 表示「不能讓老闆知道」，可見即使 C 也應清楚知道，A、B 間僱傭契約的嚴格規定，必須被遵守，因此終究 C 對於 B 的代理權濫用屬於惡意。

B.法律效果

對於代理權濫用的法律效果，學說爭議如上述，本題採今日通說，認為代理權的濫用法律效果，不是無效，而是屬於效力未定的「無權代理」，根據民法第一七〇條應取決於本人 A 的承認。而明顯地，本題 A 並不願意承認，因此終究 B 的無權代理小孩優惠價的意思表示，對 A 並不發生效力。

結論：C 不能根據民法第三六七條，主張 A 只能請求小孩優惠價 150 元的給付。

二、不當得利的請求

如上所述，A、C 間並不存在有以小孩優惠價 150 元為內容的羊肉爐消費契約，當然亦不存在有以一般價格 300 元針對小孩 D 的羊肉爐消費契約，因為明顯 C 並無此意思表示。但畢竟小孩 D 已經消費羊肉爐完畢，因此可以考慮的是，A 可能可以根據民法第一七九條對小孩 D 主張給付型不當得利，請求償還相當的價額：

㈠民法第一八一條

按民法第一八一條規定：「不當得利之受領人，除返還其所受之利益

外，如本於該利益更有所取得者，並應返還。但依其利益之性質或其他情形不能返還者，應償還其價額」，本題小孩 D 確實取得羊肉爐的所有權，也消費殆盡，也接受了 A 的勞務給付，此等利益都無法再以「原物型態返還」，因此根據民法第一八一條，必須以相當價額返還。而所謂的相當價額，自是以一般消費羊肉爐的市價，加以認定，就本題而言，小孩 D 自應以 130 公分以上的一般價額 300 元為返還。

⼆民法第一八二條

問題是，身為小孩 D 的法定代理人 C，可否代 D 主張只願以小孩優惠價消費羊肉爐，因此 D 就整體財產利益而言，只節省了小孩優惠價，就超過小孩優惠價的利益取得部分（300 元 – 150 元 = 150 元），屬於**所得利益不存在**，根據民法第一八二條第一項規定「不當得利之受領人，不知無法律上之原因，而其所受之利益已不存在者，免負返還或償還價額之責任」，因此也只須就小孩優惠價 150 元加以返還即可。因民法第一八一條第一項的「所得利益不存在」，只限於善意得利人才可以主張，根據同條第二項規定：「受領人於受領時，知無法律上之原因或其後知之者，應將受領時所得之利益，或知無法律上之原因時所現存之利益，附加利息，一併償還；如有損害，並應賠償」，惡意得利人是無得主張所得利益不存在，且依無爭議的見解❷，在「給付型不當得利」中，未成年得利人的善、惡意認定，應以其法定代理人為準，而以本題而言，小孩 D 的法定代理人 C，自是自始就明知 B 的代理權濫用，因此自屬惡意，故終究無得主張所得利益不存在。

結論： A 可以根據民法第一七九條向 D 主張消費羊肉爐的一般價額 300 元償還。

---

❷ 史尚寬，《債法總論》，第 90 頁。

三、無權代理責任

在本題相對人 D 於返還消費羊肉爐的一般價額給本人 A 後，不排除 D 可以考慮根據民法第一一〇條向代理人 B 主張無權代理的損害賠償。只是該條清楚規定，必須以相對人善意不知無權代理為必要：「無代理權人，以他人之代理人名義所為之法律行為，對於善意之相對人，負損害賠償之責」，故而本題終究 D 也無法向代理人 B 主張無權代理的損害賠償。

結論：D 無得對 B 主張無權代理責任。

例題 4

女性化妝品的代言人

　　每年在高雄舉辦的國際化妝品展，都會吸引許多國際買家參觀，是臺灣化妝品產業重要的國際推銷窗口。A 是臺灣女性化妝品公司的優良製造商，每年都會參加在高雄舉辦的國際化妝品展，今年亦不例外，並委由某女模 B 擔任代言人，且授與代理權可以當場在參展攤位接受訂單。因為 A 女性化妝品公司的產品，品質優良，因此接獲美國百貨公司 C 的訂單，根據訂單內容，A 應在一年後交貨。

　　待參展結束，B 向 A 公司報告工作成果，A 才由報紙得知，原來 B 是「變性女模」，而且 B 並「不熟悉外語」，因此 A 向 B 表示，撤銷代理權。一年後，C 因未收到化妝品，向 A 詢問，A 表示不願接受訂單，但 C 卻堅持 A 必須按照契約履行，交付化妝品。是否有理？

說　明

　　本人可以向代理人為代理權授與，是為「內部授權」，如果本人事後撤銷代理權，結果勢必影響代理行為相對人的權益，而構成困擾的代理問題。

擬　答

　　C 可以向 A 主張化妝品的交付並移轉所有權的可能請求權基礎，可以考慮的是民法第三四八條第一項。而該請求權基礎存在的前提，必須以 A、C 兩人間有效成立化妝品的買賣契約，而該買賣契約又必須以 A、C 兩人有買賣的意思表示合意，就 C 而言，自無疑義，但問題是，是否 A 曾為有效的買賣意思表示？本題 A 並未親自為買賣的意思表示，而是由第三人 B 為意思表示，而第三人的意思表示唯有在符合民法第一〇三條第一項的代理要件下，始能對本人發生效力。就代理要件的檢查上，本題 B 以 A 的名義為一買賣的意思表示，且 B 獲得 A 的代理權授與，自亦無疑義，B 所為

的買賣意思表示似乎就應對 A 本人發生效力，但如果 A 所授與 B 的代理權，事後因故而溯及消滅，則 B 就是無權代理 A 為買賣行為，就不能對 A 發生效力。本題 A 對 B 所授與的代理權，事後溯及消滅的原因，可以考慮的是 A 本人主張民法第八十八條的「人之性質重大錯誤」，而撤銷代理權授與，並根據民法第一一四條第一項，代理權的授與溯及既往無效，討論如下：

一、撤銷的許可

本題本人 A 是在代理人已經代為和相對人 C，完成化妝品的買賣契約後，始主張撤銷代理權授與，結果將使得相對人 C 失去買賣契約的請求權，而明顯不利於相對人，因此有學說❸認為此時不能同意本人可以基於意思表示錯誤為理由，而撤銷代理權授與，本人終究必須負起有效的法律行為責任。只是通說❹認為，只要是意思表示就有因錯誤而撤銷的可能，代理授與亦不例外，至於事後撤銷代理權授與，因而對相對人所產生的不利益，應由其他相關的損害賠償規定，加以彌補，而不是禁止本人撤銷代理權。本題擬答亦從通說見解。

二、撤銷的理由

本題本人 A 基於代理人 B 是「變性女模」及「不熟悉外語」為由，而主張撤銷代理權,因此可能檢驗的根據條文是民法第八十八條第二項的「人之性質重大錯誤」，要件檢查如下：

㈠人之性質

民法第八十八條第二項所謂的人之性質，意指「所有構成個人特性的

---

❸　Brox, Allgemeiner Teil des BGB, Rdn. 528.

❹　Palandt/Heinrichs, §167 Rdn. 3.

法律上或是事實上要素」❺，例如一個人的性別及職業等等。而本題 B 是
一「變性女模」，涉及個人的生理及心理狀態，自是構成人之性質，且 B
的「外語能力」涉及個人的工作能力，也構成人之性質，自無疑義。

(二)重大性質

按民法第八十八條第二項原文，表意人僅是對人之性質發生錯誤，仍
不足以構成撤銷理由，尚必須該人之性質對於意思表示的成立具有重大性
者，始足當之，以避免表意人動輒撤銷意思表示，而危害交易安全。至於
如何的人之性質，始是「重大」? 則須視個別意思表示（契約）的目的及性
質，衡諸契約當事人的利益及誠實信用原則，並參照社會一般觀點，始能
加以判斷。

問題是，A 不知 B 是「變性女模」，該錯誤是否屬於重大? 按一般社
會觀點，是否「變性女人」會影響女性化妝品的形象，並進而影響廠商的
下單意願，構成代理權授與的重大錯誤，認定上頗為困難，因為由實際經
驗得知，曾有變性女模代言內衣，亦獲得相當好的販售業績。但不論如何，
本題 B 的外語能力涉及是否 B 可以正確應對國際參展所可能會接觸的外
國客戶，更會涉及對訂單的正確處理與否，自具有重要性，因此 A 以此為
由而撤銷代理權授與，是為有理。

三、撤銷意思表示的相對人

代理權的授與是一有相對人的意思表示，根據民法第一一六條第二項
規定，A 本人的撤銷意思表示，應向相對人，即向代理人 B 為之，始生撤
銷代理權授與意思表示的效力。只是如果 A 本人有效的撤銷代理權授與的
意思表示，則代理權將溯及既往消滅，因此 A、C 間的買賣契約效力，也
會發生問題，故也會涉及代理行為相對人 C 的利益，況且民法第九十一條

---

❺　參閱 Jauernig, §119 Anm. 4。

規定:「依第八十八條及第八十九條之規定撤銷意思表示時,表意人對於信其意思表示為有效而受損害之相對人或第三人,應負賠償責任。但其撤銷之原因,受害人明知或可得而知者,不在此限」,條文明示在意思表示因錯誤撤銷後,表意人亦必須對「信其意思表示為有效而受損害之第三人」為損害賠償,而此處的第三人自是指本題代理行為的相對人 C。因此本題擬答以為,本人因錯誤而撤銷內部授權時,除必須向代理人外,亦必須向代理行為的相對人為之,始生撤銷代理權之效力,否則將置代理行為的相對人於法律地位不確定的狀態,只是通說❶仍然認為,本人僅須向代理人為撤銷之意思表示,代理權撤銷即生效力,因此本人無須負起有效的代理行為責任,即本題 A 無須根據有效的化妝品買賣契約出貨給 C,但不排除代理行為的相對人 C 仍可以直接對本人主張民法第九十一條的賠償責任。而兩說的區別在本題顯具有實益,因為根據民法第九十條規定,錯誤意思表示的撤銷「自意思表示後,經過一年而消滅」,因此若採少數說見解,則因本題 A 的錯誤授與代理權的意思表示已經過一年,因此再也不能向相對人 C 主張撤銷,故而只能出貨,但若採通說意見,則 A 因已有效撤銷代理權授與,故無須出貨。

結論: 根據通說意見,A 撤銷代理權有理,因此無須根據民法第三四八條第一項,交付化妝品給 C,但必須對 C 負起信賴利益損害賠償。

---

❶ Larenz/Wolf, Allgemeiner Teil des BGB, §47 Rd. 37.

例題 5

網路購買手機皮套

　　某手機廠商每年九月都會推出新型手機。A 剛買該手機廠的新型 iAudio 7 手機，覺得沒有手機套不方便，見廣告有出售某一型號手機套，頗為喜愛，遂要其小孩 B（18 歲的大學生）幫忙購買該型號手機套，至於顏色，就由 B 代為決定。B 遍搜網路賣家，最後選定向 PChouse 以 A 的名義訂購該型號原廠黑色手機套。

　　隔天 B 在 9 點上學前，打開電子信箱，並未見 PChouse 的回信，也就悻悻然上學去。而 PChouse 直到下午 2 點才以電子郵件進入 B 的網際網路及電子信箱，表示接受訂單。B 晚上 9 點回家，A 問 B 是否有下單購買手機皮套，B 表示已經訂購，但 A 忽然察覺該手機套可能是適用舊型的 iAudio 6 手機，遂要 B 立刻回信取消訂單，就在 B 尚未開啟電子信箱前，B 急忙打電話給 PChouse 客服人員，但客服人員卻表示此型號手機套尚無新款可以適用於 iAudio 7，並堅持買賣契約已經成立，而要求 A 必須給付價金。是否有理？（本題不討論消費者保護法第十九條）

說　明

　　網路科技發達，改變現代人的生活，也發生不同的法律問題。本例題結合意思表示到達生效及代理行為瑕疵的問題，提供學習者練習。

擬　答

　　PChouse 可能可以根據民法第三四八條第一項，向 A 請求購買 iAudio 6 型手機套的價金給付，而該請求權成立的前提必須是在 A 和 PChouse 兩人間，就「iAudio 6 手機套」有效成立買賣契約。以下就契約的成立要素，要約與承諾加以討論：

一、要　約

在網路買賣時，最有爭議的是店家的「網頁」，究竟是要約抑或要約引誘而已？兩者理論上的區別在於，**要約**具有**法效意思**的拘束力，而**要約引誘**卻欠缺拘束力（參照民法第一五四條第一項）。至於一個行為究竟是要約抑或要約引誘，往往必須透過**解釋**，始能確認，而一般而言，如果以有限的標的物，但卻向不特定多數人為販售的表示時，例如大賣場寄送廣告單給客戶，則解釋上就應不被認定是「要約」，而只是「要約引誘」而已（參照民法第一五四條第二項但書：「但價目表之寄送，不視為要約」）❶❼，因為客觀上第三人可以清楚知道，行為人根本不可能無限制提供標的物，因此行為人也就明顯無意使其行為具有拘束力。準此，則本題 PChouse 的網頁，也僅是一要約引誘而已，而不是要約，真正的要約是 B 的下單行為。問題是 B 的下單行為是否對 A 發生效力？

㈠使者或代理

當 A 委由 B 代購手機套，而 B 也確實以 A 名義為意思表示下單購買，則 B 的法律地位有可能是 A 的「**使者**」，也有可能是 A 的「**代理人**」。而究竟第三人是「使者」或是「代理人」，往往也必須透過**解釋**，始能得知。使者和代理人在法律理論上差別在於，（傳達）使者不自為意思表示，而是將已經存在的意思表示，轉達給相對人，使之生效（參照民法第九十四條及第九十五條），因此意思表示傳達使者，往往也就對意思表示的內容並無自由決定的權限，也就無行為能力的要求，反之代理人則是自為意思表示，因此往往對於意思表示的內容就具有自由決定權限，因此限制行為能力人得否為代理人，就有討論的必要。準此，則本題的 B 應是 A 的代理人，因為題示 B 對於買賣標的物顏色及網路賣家的選定，具有充分的決定自由，

---

❶❼　請參閱劉昭辰，《民法總則實例研習》，例題 7【日常善意行為與要約引誘】。

故可得而知，至於本題 B 雖是限制行為能力人，但因代理權的授與僅是一中性行為，因此在類推適用民法第七十七條但書下，不妨礙 B 仍可以由其父親法定代理人經由「自己代理」取得代理人地位，而不受民法第一〇六條的利益衝突之禁止。至此可以認為，B 以代理人地位，以 A 名義所為的買賣契約意思表示，應根據民法第一〇三條第一項要件加以檢查，是否對 A 發生效力。

(二)代理權

1.代理權授與的撤銷

根據民法第一〇三條第一項，如果代理人 B 擁有代理權，可以以 A 名義購買「iAudio 6 原廠黑色手機套」，則本人就必須接受該要約的拘束。而 A 本人客觀上曾以意思表示授與代理權給 B，委為代購特定型號的手機套，該型號手機套適用：iAudio 6 手機，但 A 在主觀上卻以為說手機套適用新型 iAudio 7 手機，故該授與代理權的意思表示發生民法第八十八條第二項的「物之性質重大錯誤」，因此 A 本人可以在事後撤銷該意思表示，並溯及發生無效效力，致使 B 的代理行為成為「無權代理」，自就不對 A 發生效力，因此 A 也就無須接受要約的拘束，但 PChouse 也可以根據民法第九十一條直接向本人主張信賴利益賠償責任❸。

2.本人直接撤銷代理行為為意思表示──民法第一〇五條

有問題的是，本人 A 可否讓 B 代理購買手機套的意思表示，具有物之性質重大錯誤，故撤銷之? 根據民法第一〇五條本文規定：「代理人之意思表示，因其意思欠缺、被詐欺、被脅迫，或明知其事情或可得而知其事情，致其效力受影響時，其事實之有無，應就代理人決之」，由此可知，代理行為瑕疵的有無，應以代理人為判斷，而不是以本人為判斷，因此本題代理

---

❸ 對於代理權授與的意思表示撤銷相關問題，請參閱例題 4【女性化妝品的代言人】。

人 B 向 PChouse 表示購買「iAudio 6 原廠黑色手機套」，該意思表示對代理人 B 而言，並無對手機套的物之性質錯誤，因此也就無意思表示錯誤可言，似乎本人也就無得以此為由主張錯誤撤銷。問題是，本題 A 是具體指示 B 購買特定的標的物，是否應適用民法第一〇五條但書規定：「但代理人之代理權係以法律行為授與者，其意思表示，如依照本人所指示之意思而為時，其事實之有無，應就本人決之」，因此代理行為有無意思表示錯誤，就應改以本人決定？

本題擬答以為，若本人指示代理人為特定的代理行為，使得代理人事實上不再存在有自由決定意思內容的權限，結果代理人實質已經相當接近「使者」的地位，或是實質已經等同是由本人親自為意思表示，則此時代理行為有無意思表示錯誤的判斷，就應改由本人立場決定，因為如果該意思表示是由「使者」代為傳達，或是由本人親自為之，則仍不免會發生意思表示錯誤，結果本人終究仍可以主張民法第八十八條的撤銷，而實不見在類似「使者」情況的「指示代理人為特定的代理行為」，就應有不同的結果，因此宜認為本人 A 可以援引民法第一〇五條但書，而直接撤銷購買「iAudio 6 原廠黑色手機套」的要約，但本人 A 也必須根據民法第九十一條對 PChouse 負起信賴利益損害賠償責任。只是如此適用民法第一〇五條但書，在本題誠屬多餘，因為 A 本就可以以錯誤為由，而撤銷代理權授與的意思表示，形成無權代理，而只須根據民法第九十一條對 PChouse 負起信賴利益損害賠償責任。由此可見，在「本人具體指示代理行為」的情況，代理人所為的行為，既然是本人的具體指示，因此結果就會如同代理人只是「使者」，或是如同本人親自為意思表示一般，因此代理人所會發生的意思表示錯誤，其實往往就已經存在於本人的「具體指示」中，而本人本就可以據而直接撤銷代理權的授與，而無須再透過民法第一〇五條但書，撤銷代理人所為的代理行為，因此本題擬答以為，在本人指示代理人為代理行為的情況下，如果代理行為的瑕疵不是發生在代理人身上，而是發生在

本人身上，民法第一〇五條但書的可適用空間，其實並不大❶。

小結：代理人 B 所為的要約意思表示購買「iAudio 6 原廠黑色手機套」，根據民法第一〇三條第一項對本人 A 發生效力，惟 A 可以撤銷代理權的授與，或是直接撤銷該意思表示，因而不受該要約的拘束。但在 A 尚未撤銷前，該要約仍對 A 發生拘束力。

二、承　諾

　　當 PChouse 回電子郵件給 B，表示接受「iAudio 6 原廠黑色手機套」的訂單，即是一承諾的意思表示，至於該意思表示何時生效，也會因 B 的地位不同，而有所不同。如果認為 B 是 A 的代理人，而且也有代理本人 A 受領意思表示的權限，則根據民法第一〇三條第二項，該承諾會因到達代理人 B 而立即也會對 A 本人發生效力，自無疑義。但如果認為 B 是 A 的意思表示受領使者，則意思表示何時因到達而生效，就頗有爭議，有認為❷意思表示也會因到達受領使者而對本人立即生效，只是如此說法就無法清楚區別「代理人」和「使者」的不同功能性，因此有認為❸應以「按事務進行的一般情況，代收使者可以被期待將意思表示再傳遞給本人」時，始發生意思表示到達效力。

　　但不論如何，本題因為 B 是 A 的代理人，故 PChouse 的承諾意思表示應是以到達代理人即生效力。問題是 PChouse 的非對話承諾意思表示，有無根據民法第九十五條第一項因到達而生效？如果 PChouse 的承諾意思表示尚未因到達而生效，則代理人 B 再通知 PChouse 表示要取消訂單，就可

❶　請讀者務必參閱劉昭辰，《民法總則實例研習》，例題 37【賣麵的外國偷渡客】。

❷　Larenz/Wolf, Allgemeiner Teil des BGB, §46 Rd. 81.

❸　BGH NJW 2002, 1565, 1567.

以被視為是代理本人 A 對購買「iAudio 6 原廠黑色手機套」要約的撤回（參照民法第九十五條第二項），當然「iAudio 6 原廠黑色手機套」的買賣契約就會不成立，PChouse 就沒有民法第三六七條的價金請求權。非對話的意思表示因到達而生效，而到達的意義是指①意思表示已經及於相對人可支配的領域，②而且依一般狀況，相對人應該可能可以接觸並了解該意思表示之內容時，意思表示始為到達生效，至於是否相對人事實上已接觸並了解該意思表示之內容，則在所不問。以下加以討論：

㈠及於相對人可支配的領域

對於電子郵件及於相對人可支配的領域，有認為只要該電子郵件進入相對人所使用的網際網路 (Internet Service Provider; ISP)，即為已足。而也有認為，除電子郵件進入相對人所使用的網際網路外，尚必須網際網路供應商又將該電子郵件進一步處理進入相對人所使用的電子信箱（郵件伺服器，Mail Server）❷，使相對人可以隨時下載郵件，始為已足。但不論採何見解，本題事實都已滿足要求。

㈡相對人可以接觸並了解的可能性

問題是，何時才是「依一般狀況，相對人應該可能可以接觸並了解該意思表示之內容」時，而該問題在今日習慣以電子郵件通訊的社會，更顯重要及有爭議性。因為傳統的紙張信件是由郵差發送，而郵差一般一天只寄送一次郵件，因此學說要求相對人一天只須到信箱收信一次即可，而且通常是要求相對人早上收件，在此一早上應收信件的時點，即是「依一般狀況，相對人應該可能可以接觸並了解該意思表示之內容」時，故非對話意思表示在此時點因到達而生效，如果相對人因故錯過早上應收信的時間而未收信，意思表示亦因到達而生效，因為相對人是否事實上已接觸並了

---

❷　杜怡靜，《契約之成立與生效（民法系列）》，第 40 頁，並參閱劉昭辰，《民法總則實例研習》，例題 9【網路販賣環保袋】。

解該意思表示之內容，在所不問。但是電子郵件不同於一般傳統紙張信件，表意人可以隨時透過網際網路寄送電子郵件給相對人，而相對人卻不可能隨時去收受電子郵件，因此對於電子郵件而言，何時是「依一般狀況，相對人應該可能可以接觸並了解該意思表示之內容」的時點，就不無疑問，而有賴一般社會觀點的判斷，本題擬答以為可以要求相對人至少一天應兩次收受電子郵件，一次是在早上，一次是在傍晚，電子郵件應分別在此兩個時點，因到達而生效，至於相對人事實上有無打開電子信箱收信，則在所不問。在此期間之外，雖然電子郵件進入相對人的信箱，例如半夜進入相對人電子信箱，則因為相對人於此時，根據一般社會觀點，並不會特別去打開電子信箱，故無可能可以接觸並了解該意思表示之內容，因此意思表示仍未因到達而生效。以本題而言，雖然 PChouse 的承諾在下午 2 點進入代理人 B 的電子信箱，但應直到傍晚時，始能認為因到達而生效。而代理人 B 因故無法在傍晚開啟電子信箱，自必須由其本人 A 承擔該風險，因此可以確定本題 PChouse 的承諾已因到達而生效，A 本人即無得再撤回其要約，故兩人間的「iAudio 6 原廠黑色手機套」買賣契約有效成立。

結論： A、C 間的「iAudio 6 原廠黑色手機套」買賣契約原應有效成立，但因 A 主張意思表示錯誤而撤銷其要約，因此溯及使得買賣契約不成立，故 A 無須根據民法第三六七條給付「iAudio 6 原廠黑色手機套」的價金給 PChouse。

題後說明

1.網路上的網頁，因是對不特定人為締約之意思，除非有特別的情況，否則原則上應被解釋成屬於廣告性質的「要約引誘」，而不是要約，真正的要約是消費者的上網訂購行為，而待業者再以電子郵件回覆確認購買，始會因承諾而成立契約。因此如果業者在網頁上誤標賣價，因此消費者見獵心喜，一口氣上網訂購 100 萬件，也不會成立契約，也因為契約尚未成立，

因此也沒有消費者保護法第二十二條:「企業經營者應確保廣告內容之真實,其對消費者所負之義務不得低於廣告之內容」的適用,只是業者必須對消費者負起締約上過失責任。其實上述法律理論極為清楚,但法院實務判決卻頗為分歧,有判決❷中肯地認為在網頁標價錯誤,消費者因而承購者,尚不足以成立買賣契約,但亦有判決❷認為買賣契約因消費者的承購,即為成立。

或許讀者仍有所存疑,但吾人可以試想:如果消費者看到水果地攤牌子上寫「一斤 10 元」,遂向地攤業者表示要購買 100 萬斤,但業者卻隨之表示「寫錯了」,應是「一斤 100 元」,消費者可以主張契約已經有效成立,堅持地攤水果商必須以一斤 10 元出貨 100 萬斤?地攤牌子寫錯,和網路網頁內容寫錯,又有何不同?此外,有學生下課問我,如果網路業者「故意寫錯價格」,惡意吸引消費者,但卻又堅持網頁只是要約引誘,公平嗎?作者以為,「故意寫錯價格」當然就不是「錯誤」,這時應適用民法第一四八條第二項「誠信原則」中的「矛盾行為禁止」(venire contra factum proprium)(因為「故意」和「寫錯」兩者互為矛盾),據此要求業者必須接受網頁廣告內容拘束,而不是恣意破壞意思表示理論。

2.作者以為,使者代收意思表示,意思表示不應因到達使者,即對本人發生效力,而是在「按事務進行的一般情況,代收使者可以被期待將意思表示再繼續傳遞給本人」時,始對本人發生意思表示到達效力。以本例題而言,如果 B 僅是使者,則即使 B 在下午 2 點即打開電子信箱,收到電子郵件,但意思表示也不會在此時點,就對本人 A 發生效力,而是直到一般可以期待 A 上班回到家,因而 B 可以再將訊息傳給 A 時,例如晚上 6 點,始對 A 發生效力。

---

❷ 例如臺北地方法院九十九年度訴字第五五九號判決。

❷ 例如臺北地方法院簡易庭九十三年度北消簡字第十八號判決。

例題6

百貨公司的櫃姐

A獨資在百貨公司設有專櫃，販售知名品牌電動刮鬍刀，但因為櫃臺只有自己一人，因此到了中午用餐時間，A就必須離開到地下樓小吃街用餐，期間如果有顧客，隔壁的櫃姐B（18歲）就會主動代為接洽。久之，幾乎已成為百貨公司的不成文慣例。

某次A外國觀光客C到百貨公司選購電動刮鬍刀，又逢中午，因此A不在櫃臺，B櫃姐見C正在瀏覽刮鬍刀，遂主動到櫃臺幫C介紹，並完成買賣契約，為提供兩年保固，B還從抽屜拿出A的店章，蓋在刮鬍刀的保證書上。就在B將刮鬍刀包裝好，欲交付給C時，A用餐回來，卻發現B櫃姐不知電動刮鬍刀因歐元匯率關係，在幾天前已經漲價，因此不願交付刮鬍刀給C，是否有理？B櫃姐必須負起責任？

說　明

民法第一六九條的表見代理（假象代理及容忍代理），一直是初學代理制度者的罩門，本題即對此加以練習。

擬　答

一、C可能可以請求A必須交付電動刮鬍刀的請求權基礎，可以考慮的是民法第三四八條第一項，而該請求權存在的前提，必須是在A、C兩人間存在有效的買賣契約。買賣契約的成立自必須以兩人有意思表示合意為必要，C有意思表示，自無疑義，問題是，是否A也有買賣的意思表示？本題出賣電動刮鬍刀的意思表示，並不是由A親自為之，而是由隔壁B櫃姐為之，因此唯有在滿足民法第一〇三條第一項的代理要件下，B櫃姐所為的意思表示才會對A發生效力。本題B櫃姐以A名義，代為出賣的意思表示，應無疑義，有問題的是，B櫃姐是否有取得代理權，可以代

理 A 為出賣電動刮鬍刀的意思表示?

(一)意定代理

首先可以考慮的是,是否 A 有經由意思表示授與代理權給 B 櫃姐? 自然本題 A 並未明示授與代理權給 B 櫃姐,但是否可以經由 A 明知 B 櫃姐常常幫 A 代為出售刮鬍刀,而未加以阻止,進而可以認定 A 默示授與代理權給 B 櫃姐? 本題擬答以為,百貨公司專櫃間基於互助所為的招呼客人行為,即使相互間明知此事,仍難以認為專櫃間相互有意「默示」授與代理權,因為不同的營業項目,自具有不同的專業知識,一般而言,合理的業者是不會將代理權授與不懂營業事項的其他人,因此本題宜認為,至此尚難認為 A 有意默示授與代理權給 B 櫃姐。

(二)民法第一六九條的表見代理

代理人的代理權可以來自本人的意思表示授與代理權 (意定代理),也可以是因法律規定而取得,而本題可以考慮的是,是否 A 本人必須對 B 的代理行為,負起民法第一六九條的「表見代理」責任。

1.容忍代理

首先可以考慮本題是否有民法第一六九條表見代理的第二個類型「容忍代理」存在:「知他人表示為其代理人而不為反對之表示者」。要件檢查如下:

(1)必須本人無授與代理權給代理人的意思表示存在❷⑤

該要件的成立,已如上述。

(2)必須有代理表象的存在

在容忍代理的類型上,要求本人在明知代理人一再地從事無權代理行為下,卻未加以干涉阻止,則本人就必須對其容忍行為負起表見代理責任。明顯地本題事實也滿足此一要件。

---

❷⑤　參閱最高法院一〇三年臺上字第一三六〇號判決。

⑶相對人善意相信他人有代理權

本題 B 是穿百貨公司制服的櫃姐，況且熟練的從抽屜拿出 A 的店章，蓋在電鬍刀的保證書上，在在都足以使第三人善意相信，B 櫃姐確實擁有代理權。

⑷因果關係

容忍代理的成立，尚要求相對人的信賴代理表象，必須和本人所造成的客觀表象行為間，具有因果關係，始能成立，換言之，相對人必須基於對本人的容忍行為認知，故而善意相信本人有授與代理權給表見代理人，而如果相對人對於本人的「容忍事實」並無認知，則在欠缺「因果關係」下，即無法主張成立「容忍代理」。而此一要件在本題卻不無疑問，因為 C 可能誤以為 B 櫃姐正是刮鬍刀專櫃的售貨員，而根本不知道 B 櫃姐的先前無權代理行為，在未有進一步事實認知下，宜認為因 C 不知 A 的容忍行為，故欠缺因果關係，而無法對 A 主張成立容忍代理。

2.假象代理

可以繼續考慮的是，A 可能必須對 B 櫃姐的行為，負起民法第一六九條表見代理的第一個類型「假象代理」責任：「由自己之行為表示以代理權授與他人」。應討論的要件計有：①必須本人無授與代理權給代理人的意思表示存在，②必須有代理表象的存在，③相對人的善意信賴，④因果關係。而有爭議的是要件②，討論如下：

⑴有意識的故意表見授權

非常有爭議的是，是否本人必須有意識而故意積極地做了一個「代理權授與表示」（表見授權），始負「假象代理」責任，抑或只要本人因過失而引起相對人的信賴代理權存在的表象，就必須負起假象代理責任。由民法第一六九條的條文文意：「由自己之行為『表示以代理權授與他人』」，及最高法院❷❻判決意見強調：「所謂由自己之行為表示以代理授與他人，必須本人有具體可徵之積極行為，足以表見其將代理權授與他人之事實，方足

當之」，似乎應採前說，如此則本題 A 只是疏於禁止 B 櫃姐再繼續為代理行為，故而造成代理假象，A 本人明顯欠缺存在以有意識的故意積極行為，表見授權給 B，因此也就無須負起買賣契約有效成立的假象代理責任，A 因過失致使產生代理假象，只須對 C 根據民法第二四五條之一，負起締約上過失的損害賠償責任而已。

(2)過失引起代理權存在假象

另一說則認為，本人只要因過失而引起相對人信賴代理權存在的表象，本人就必須對代理假象負責。準此，則本題因為 A 在明知 B 櫃姐一再無權代理訂約行為，但卻未加以禁止，而致使 B 櫃姐這次又有機會代為訂約，致使第三人產生代理假象，自有過失而難辭其咎，因此應就代理假象負責。

(3)解題意見

對於上述爭議，我國學說並無清楚的論述。固然民法第一六九條文意似乎傾向前說，但最終仍有待法界進一步的釐清。而本題擬答則較傾向後說，因為當本人確實曾經因「過失行為」而致使外界第三人，誤認本人有授與代理權的假象，則即使本人無意識想「故意」藉由該行為對第三人表示有代理權存在 (即本人並無故意為表見授權行為)，但是就風險形成的肇因及責任分配上，理應由本人承擔起整個不利益結果，才屬合理。況且，本題不是一般的私人交易行為，而是一般通常的商業交易行為，如果嚴格要求本人必須曾積極有意識做了一個「代理權授與表示」(表見授權)，始負「假象代理」責任，則勢必嚴重影響一般商業交易秩序，而不利社會經濟發展。

3.撤銷的可能性

截至上述討論，似乎 A 必須根據民法第三四八條第一項，交付電動刮鬍刀給 C。但如果 A 存在可以主張代理行為無效事由，則就無須負起交付

---

❷　最高法院一○○年臺上字第五九六號判決。

電動刮鬍刀的義務。而可以考慮的事由如下：

⑴民法第八十八條

本題表見代理人 B，把刮鬍刀賣得太便宜，因此不排除 A 可以根據民法第一〇五條本文及民法第八十八條第二項的「物之性質錯誤」，撤銷意思表示。只是民法的「物之性質錯誤」，卻不包括表意人對物之價值發生的錯誤，因為當事人對於物之價值本身的認定，應屬風險行為，不宜同意當事人可以「以對物之估價錯誤」為由，而主張民法第八十八條第二項的物之性質錯誤，並進而撤銷意思表示，以免危害交易安全。

⑵表見代理的撤銷

可以考慮的是，是否 A 可以主張自己根本無意發生「假象代理」的責任，因此構成內容錯誤，故而根據民法第八十八條第一項，主張撤銷假象代理。通說認為表見代理責任是法定責任，自不容以意思表示錯誤為由，加以撤銷，否則表見代理的法定責任的架構，即有被淘空之虞。但少數說以為，以法定責任為由而否定「表見代理」的錯誤撤銷可能性，實為「概念法學」的思考。雖然本題擬答認為少數說有理，但在通說意見下，本題 A 終究也無得主張撤銷「假象代理」，而必須對 B 的代理行為負起責任❷。

結論：C 可以根據民法第三四八條第一項，請求 A 必須交付電動刮鬍刀，並移轉所有權。

二、B 櫃姐的無權代理責任

㈠選擇權

如上所述，A 必須對 B 櫃姐的無權代理行為，負起表見代理責任，但有爭議的是，是否 C 可以選擇不欲主張 A 的表見代理責任，而改向 B 櫃姐主張民法第一一〇條的無權代理責任？最高法院傾向認為表見代理責任

---

❷　參閱第六章、參、一。

並非強制，而得由善意第三人自行決定，究竟是要向本人主張表見代理責任，或是根據民法第一一〇條要代理人負起無權代理責任，換言之，根據最高法院意見，「表見代理」和「無權代理」責任，兩者是處於選擇性競合關係。只是王澤鑑教授❷❽則持反對態度，其認為如果善意第三人可以向本人主張表見代理責任，則其利益就受到法律的足夠保護，當無捨棄表見代理的保護，轉而向無權代理人主張責任之理。對此本題擬答採最高法院意見，因實不見法律有必要強制相對人必須接受表見代理保護的理由何在。

㈡限制行為能力人的無權代理責任

雖然民法第一一〇條文義並無明文規定，要求無權代理人必須具備行為能力，始須負起責任，但是學說❷❾卻力主，因為民法第一一〇條的無權代理責任，要求未成年人必須對代理行為負起「履行利益」或是「信賴利益」的賠償責任，實則就是要未成年人負起法律行為的債務不履行責任，不符合民法對未成年人交易能力保護的立法精神，因此學說認為，唯有當未成年人在得到其法定代理人之同意下，而為「無權代理行為」時，該未成年人始須負「無權代理責任」。該學說意見已被廣泛接受，而成為習慣法，故此處擬答亦採用之。

結論： 本題因為 B 櫃姐的法定代理人並不知其無權代理行為，故 B 就無須對 C 負起無權代理責任。

---

❷❽　王澤鑑，《民法學說與判例研究㈥》，第 15, 16 頁。

❷❾　王澤鑑，《民法學說與判例研究㈥》，第 9 頁。

例題 7

棒球場草皮

　　某私立大學法人 A 是教育部指定的棒球推展重點學校，好不容易爭得經費得以重新整建球場，學校計畫鋪設人工草皮，遂委由體育組長 B，向廠商 C 代為洽談人工草皮的鋪設。不知情的廠商 C 為求得更好的利潤，不斷向 B 推銷天然草皮，B 頗為猶豫。

　　在一次體育座談會中，B 偶遇棒球教練 D，並向之請教。D 因和廠商 C 是舊識，遂向 B 偽稱「其實天然草皮較適合學校推展棒球運動」，因此 B 就下決心代理學校 A 向 C 訂購天然草皮。但學校 A 卻不諒解此一交易，因為根據棒球協會的專家意見，其實草皮種類無關是否適合棒球運動推展，國外許多職棒球場也都是採用人工草皮，A 學校遂要 B 自己解決。但廠商 C 卻堅持要 A 或 B 負起天然草皮的契約履行利益責任。是否有理？

⬤ 說　明

　　本題綜合無權代理及詐欺撤銷的相關問題練習。必須提醒解題者的是，民法總則「詐欺撤銷」的考試重點往往會放在「第三人詐欺」，必須留意。

◉ 擬　答

一、廠商 C 對學校的請求

　　廠商 C 可能可以根據民法第四九〇條向學校 A 主張鋪設天然草皮的承攬報酬給付，前提必須是 A、C 間有效成立天然草皮鋪設的承攬契約。廠商 C 清楚表達鋪設天然草皮的意思表示，並無疑義，有問題的是學校 A 是否也有鋪設天然草皮的意思表示。因為本題學校 A 並未親自為意思表示，而是由其代理人 B 代為之，因此唯有在滿足民法第一〇三條第一項的要件下，代理人 B 所為的鋪設天然草皮的意思表示才會對 A 發生效力，但

本題明顯地學校 A 僅授與 B 洽談「人工草皮」鋪設的代理權限，而 B 卻是以學校 A 的名義洽談「天然草皮」的鋪設，自是屬於無權代理，而且題示學校 A 要 B「自己解決」，自也是已經根據民法第一七〇條第一項，表達無意承認該意思表示，因此該意思表示對 A 終究不生效力，因此 A、C 間不成立鋪設「天然草皮」的承攬契約，故廠商 C 也就無得對學校 A 主張天然草皮鋪設的報酬給付。

結論：廠商 C 不能向學校 A 請求天然草皮鋪設的報酬給付。

二、廠商 C 對體育組長 B 的請求

因為體育組長 B 無權代理學校向廠商 C 洽談「天然草皮」的鋪設，因此必須對廠商 C 負起民法第一一〇條的無權代理責任。

㈠無權代理責任範圍

根據民法第一一〇條的規定，無權代理人所必須負起的責任範圍，學說素有爭議，本題擬答不再多加詳述❸，而採通說認為，相對人 C 可以向明知無權代理的 B 請求負起鋪設「天然草皮」承攬契約的履行利益賠償責任。

㈡價金利益消滅事由

在無權代理下，如果代理行為存在有意思表示瑕疵得撤銷的情形，基於「相對人不能取得比原代理行為更多利益」的考量，不排除無權代理人也可以對相對人主張撤銷效果，而最終規避自己的民法第一一〇條無權代理的履行利益賠償責任❸。而本題無權代理人 B 可能可以主張意思表示瑕疵得撤銷的事由，考慮如下：

---

❸　參閱劉昭辰，《民法總則實例研習》，例題 40【酒醉的老闆】。

❸　參閱第二章、參。

1.民法第九十二條

首先可以考慮的是，本題 B 是因為受到棒球教練 D 的詐欺（事實認定），而向廠商 C 為承攬天然草皮鋪設的意思表示，因此 B 可以考慮根據民法第九十二條，主張受有詐欺而撤銷意思表示。只是必須注意的是，棒球教練 D 並非是意思表示的當事人，不排除本題可以構成所謂「第三人詐欺」，而根據民法第九十二條規定，此時必須意思表示相對人（廠商 C）明知詐欺事實，B 始能撤銷其意思表示。據此，似乎本題 B 無得主張撤銷效果。

只是學說❸❷也一再強調，民法第九十二條的「第三人」必須做適當嚴格的解釋，而不包括「站在意思表示相對人陣營，並影響契約的締結者」，典型例如相對人的代理人、締約輔助人或其他相對人可以信賴之人，如配偶、子女。而本題的棒球教練 D，既非是廠商 C 的代理人，也不是受其委託的締約輔助人，因此就欠缺類推適用民法第二二四條的基礎，而無法將 D 的詐欺行為歸為 C 所必須承受。至於本題棒球教練 D 確實是為廠商 C 的利益而詐欺 B，但也不能因此就認為 D 是屬於廠商 C 陣營中的人，因為 C 根本就無法期待，也無法掌握 D 的行為，兩人之間也欠缺利益與共的共同體關係，故難以認為 C 必須承受 D 的詐欺行為結果。

2.民法第八十八條第二項

另外可以考慮的是，是否 B 可以主張自己誤認「天然草皮的性質」，因為它並不會比較適合學校推展棒球運動，因此構成民法第八十八條第二項的物之性質重大錯誤。民法第八十八條第二項所謂的物之性質，除指構成物之天然本質的要素外，也包括物和外在世界事實上或法律上的關係，而足以影響其價值者❸❸，例如位於淹水區或是位於依法限建區的房子，但

---

❸❷　參閱 Rüthers/Stadler, Allgemeiner Teil des BGB, §25 Rdn. 81。

❸❸　參閱王澤鑑，《民法總則》，第 419 頁。

必須強調的是，構成物之性質的「影響物之價值的外界事實上或法律上的因素」，必須是直接和物之性質有相關連者，如果是物本身以外的因素，即使會影響物之價值者，仍不宜被認定是「物之性質」，例如黃金價格因國際戰爭而上漲，雖然如此，戰爭仍不屬於是黃金的物之性質，否則任何外在因素，動輒構成民法第八十八條第二項的「物之性質」，將嚴重影響交易安全。以本題的草皮而言，草皮究竟是「自然植物的天然草皮」抑或「人造纖維的人工草皮」當然是屬其本質，自無疑義，而 B 對於其所採購的天然草皮是屬於「自然植物」的性質，也一清二楚，並無「物之性質」錯誤可言，至於 B 所宣稱不知「天然草皮並無關於是否會比較適合棒球運動推展」，則是屬於對草皮用途的誤認，而該誤認並非是直接源自於 B 對天然草皮本質的誤認所導致，而是因自己對外界知識的誤認所導致（知識錯誤），故是一種**動機錯誤**，而不屬於民法第八十八條第二項的「物之性質」錯誤，因此 B 無得據此主張錯誤撤銷效果。

結論： 廠商 C 可以對體育組長 B 主張天然草皮的承攬報酬給付。B 只能轉而向棒球教練 D 主張侵權行為的損害賠償。

參考書目

一、中文部分

王伯琦，《民法總則》，1984 年 3 月，正中書局

王澤鑑，《民法總則》，2014 年 2 月

《債法原理》，2012 年 3 月

史尚寬，《民法總則》，1980 年 1 月，三版

李淑如，《民法總則》，2013 年 3 月，巨流圖書

林誠二，《民法總則新解（下）》，2012 年 9 月，三版，瑞興圖書

邱聰智，《民法總則（下）》，2011 年 6 月，三民書局

施啟揚，《民法總則》，2005 年 6 月，六版

陳自強，《契約之成立與生效》，2002 年 3 月，學林文化

陳忠五，《表見代理之研究》，國立臺灣大學法律研究所碩士論文，1989 年

黃立，《民法總則》，2005 年 9 月，元照出版社

鄭玉波，《民法總則》，1979 年 11 月，十一版，三民書局

鄭冠宇，《民法總則》，2014 年 8 月，二版，瑞興圖書

劉昭辰，《民法總則實例研習》，2009 年 2 月，初版一刷，三民書局

二、德文部分

Brox, Allgemeiner Teil des BGB, 14. Auflage, Carl Heymanns, 1990 Berlin

Flume, Allgemeiner Teil des BGB II, 3. Auflage, Springer, 1979 Berlin

Jauernig, Kommenatr des BGB, 6. Auflage, C.H.Beck, 1991 München

Köhler, Allgemeiner Teil des BGB, 20. Auflage, C.H.Beck, 1989 München

PdW, Allgemeiner Teil des BGB, 15. Auflage, C.H.Beck, 1989 München

Larenz/Wolf, Allgemeiner Teil des BGB, 9. Auflage, C.H.Beck, 2004

München

Medicus, Allgemeiner Teil des BGB, 10. Auflage, Müller, 2010 Heidelberg

Münchener Kommentar zum BGB, Band 1, Allgemeiner Teil, 2. Auflage, C.H.Beck, 1986 München

Palandt, Kommentar des BGB, 67. Auflage, C.H.Beck, 2008 München

Rüters/Stadler, Allgemeiner Teil des BGB, 18. Auflage, C.H.Beck, 2014 München

Soergel Kommentar zum BGB, Allgemeiner Teil 2, 13. Auflage, Kohlhammer, 1999 Stuttgart

Staudinger Kommentar zum BGB, 13. Auflage, Sellier-de Gruyter, 1995 Berlin

Civil Law
法學啟蒙　民法系列

繼　承
戴東雄／著

　　本書共分四編,第一編為緒論,包括:民法繼承編立法之原則、制定、修正及現行繼承法財產繼承之特色等。第二編為遺產繼承人,包括:法定繼承人之範圍、順序及其應繼分、代位繼承之要件與效力、繼承權喪失之事由以及真正繼承人對自命繼承人行使繼承回復請求權等。第三編乃遺產之繼承,包括:繼承人可繼承之標的物範圍、繼承費用、酌給遺產及共同繼承等。第四編為遺產繼承之方法,包括:遺產之分割、繼承之承認、拋棄繼承及無人承認之繼承等。在本書各編之重要章次之後及附錄,並提出實例,以邏輯之推演方法,解決實際之法律問題。

物權基本原則
陳月端／著

　　本書主要係就民法物權編的共通性原理原則及其運用,加以完整介紹。近年的物權編修正及歷年來物權編考題,舉凡與通則章有關者,均是本書強調的重點。本書更將重點延伸至通則章的運用,以期讀者能將通則章的概括性規定,具體運用於其他各章的規定。本書包含基本概念的闡述、學說的介紹及實務見解的補充,更透過實例,在基本觀念建立後,使讀者悠遊於條文、學說及實務的法學世界中。

論共有
溫豐文／著

　　本書分別就共有之各種型態——分別共有、公同共有、準共有以及區分所有建築物之共有等,參酌國內外論著及我國實務見解,作有系統的解說,期使讀者能掌握共有型態之全貌,瞭解共有制度之體系架構。在論述上,係以新物權法上之條文為對象,闡明其立法意旨與法條涵義。其中,對共有制度之重要問題,如應有部分之性質、共有物之管理方法等,特別深入分析,舉例說明,以增進讀者對抽象法律規範之理解,進而能夠掌握其重點,並知所應用。

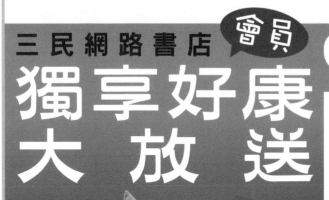